李宗仁自传

中华书局

图书在版编目(CIP)数据

李宗侗自传／李宗侗撰. —北京：中华书局，2010.6
ISBN 978 - 7 - 101 - 07264 - 8

Ⅰ. 李… Ⅱ. 李… Ⅲ. 李宗侗(1895～1974)－自传
Ⅳ. K825.46

中国版本图书馆 CIP数据核字(2010)第 027805 号

书　　名　李宗侗自传
撰　　者　李宗侗
责任编辑　张荣国
出版发行　中华书局
　　　　　（北京市丰台区太平桥西里 38 号　100073）
　　　　　http://www.zhbc.com.cn
　　　　　E－mail:zhbc@zhbc.com.cn
印　　刷　北京天来印务有限公司
版　　次　2010 年 6 月北京第 1 版
　　　　　2010 年 6 月北京第 1 次印刷
规　　格　开本 /630×960 毫米　1/16
　　　　　印张 16¼　插页 2　字数 150 千字
印　　数　1–4000 册
国际书号　ISBN 978 - 7 - 101 - 07264 - 8
定　　价　28.00 元

序　言

许倬云

先师高阳李玄伯先生（讳宗侗），是我国第一位兼跨古代史与文化人类学的学者。他十八岁负笈法国，入里昂大学读书，又在巴黎大学深造。1924 年返国执教于北京大学及中法大学，当时法国的古史专家古朗士，将民俗学知识引用于希腊古代史，获得丰硕成果。玄伯师借用这一种研究方法，探讨中国古代文化的一些现象，为中国古史研究新辟了蹊径，例如他从寒食易火的风俗，与古人崇拜"火"的观念中，取得民俗信仰的新解。

玄伯师的另一贡献，则是对于古代姓氏字源的研究。当时的民族学，于"图腾"一词，极多解释。玄伯师虽然也用图腾观念，考察"姓"的本质，他实际着力之处，则是古文字学、语音学与古代地理各方面的综合整理。根据古代族姓分合，得到合理的解释。在这一工作的另一层面，则是"姓"与"氏"的结构与相应的功能，玄伯师在这一重要课题，厘清了不少自古相传的误解，同时，他对性、姓、命、祖、祖之所自出……等名词的阐释，都有精辟的见解，为这些抽象的名词找到了古代的原义。

　　玄伯师对于古代国家的性质,先是受古朗士希腊城邦研究的启示,提出了相应的理论,后来则从大量古代文献中的资料,抽绎中国古代国家的演变过程。

　　古代史是玄伯师早期研究工作的重点,除古代史以外,他在中国史学史的领域也有着全盘的考察,将各种历史的体例及其演变,理清了其特质与来龙去脉。他的《中国史学史》,纲举目张,对于中国各种史籍的特质与演变的谱系,均有交代,至今我们还未有更为完整的著作足以取代他的大作。

　　玄伯师是名门之后,他的祖父是同光间的名臣李鸿藻,帝师宰相,一时人望。家学渊源,于晚清历史,见闻渊博,是以玄伯师研究清史,常有一般学者未能想到的观点。他家藏资料十分宏富,在治史的同时,也常常兼论一些珍本典籍的传承,毋宁说在版本学的领域,也有不少贡献。

　　高阳相国是北方士大夫的领袖,政治立场比较保守;李鸿章则是洋务运动的领袖。高阳合肥,虽不同气,但是,玄伯师对李鸿章主持中俄交涉的过程,有极为细密的研究,其论人论事,一秉史家的公正,并不因先人的爱憎而有偏颇。

　　玄伯师于 1926 至 1933 年担任北京故宫博物院的秘书长,当时接收清宫文物,一切皆属创举,并无前例可循。玄伯师尽心尽力,规划博物馆体制,巨细靡遗。那时北方的国民党领袖李石曾是玄伯师的叔父,与另一领袖张人杰之间,颇有权力之争。由此而与故宫盗宝案的冤案,玄伯师受池鱼之殃,因此离开故宫。这一冤案,凡知道当时情形者,都为玄伯师抱屈。然而玄伯师从未为自己辩白。数十年后，我们在玄伯师课后侍座时，有同学请问此事始末，先师还是淡然一句："事已过去，也不必再论那些人的是非了。"故宫文物南迁，先师任上，已经着手。这一宝藏能够未经劫难，先师于有功焉。1948年，故宫文物迁运台湾，先师又协助清点整理，设立故宫博物院，安顿国宝。其间玄伯师、李济之师二人均出力不少。在先师遗著中，亦有论述故宫的文章，玄伯师行文叙事，却未有丝毫谈到自己的劳苦，也未对于昔日冤案有所辩白。玄伯师为人忠厚宽容，于儒家恕道，身体力行，数十年如一日，至堪钦佩！

玄伯师另有一事，鲜为人知。七七抗战前夕，北京已风声鹤唳，当时北平图书馆决定将庋藏珍本南运上海，这批图书到沪后即寄存在玄伯师法租界住宅的车库内。抗战时，上海已成孤岛，即使租界也难以久峙，政府遂决定将这批珍本运送美国。当时负责押运北馆图书的钱存训先生，会同潜往敌后处理此事的蒋慰堂先生，遂将这批图书交外轮运送美国寄存国会图书馆。二次大战结束，内战又起，北馆图书仍存美国，在台湾稍为安定后，北馆珍本才运到台北，寄放在"中央图书馆"。我记得，玄伯师与慰堂先生在闻知北馆图书即将运回之时，两老四手紧握，感慨系之。参预此事的学界人士，今日已只有钱先生了！玄伯师保护国宝之功，也当记在此处，使这段历史，不至湮没。

我从台大二年级，即在先师指导下学习中国上古史，三年本科，三年硕士班，均承先师耳提面命、督责教导，有时为了额外指导，先师还派自用三轮车，接我到寓所加班讲课；大学毕业，先师努力张罗，想送我去法国读书，同时又与沈师刚伯先生，说服"教育部"，在台大设立文科研究所，使得在台修读硕士课程。两事同时进行，而文科研究所事，很快即已核定，我遂得留在台大，继续于先师指导下读书。那三年的时光，是我一生学习生涯中，十分怀念的一段岁月。我终身以中国上古史为专业，前后教导我的老师，都对我有一定的影响，其中从玄伯师的时间最长，负恩也最深。今日我也已七十七岁，但那一段师生情谊，大小事项，仍一一如在目前。师恩深重，难以回报，唯有将跟随先师耳濡目染的做人问学原则，也转授于自己的学生。

此时我已将玄伯师著作尽量收集成帙，至今除少数几篇先师早年有关小说考订的论文外，几乎收齐了。今幸得中华书局同意出版著作集，以往先师研究心得影为文集，当可方便学者，从先师研究的成果里，撷取智慧。我忝列先师门下，受恩最深最久，特借此机缘，介绍先师的贡献，愿国内学术界，有人从先师遗作中，也有如我一样的机会。

门下受业　许倬云　述

目 录

记叔父李石曾先生的
书画及我们的家世

一、自幼年即习颜鲁公书

　　先生自幼习颜平原，其入手以临明拓颜家庙，盖先祖文正公及先三姑（即先生之三姊）皆善颜书，而常往来予家之王弼臣先生尤以鲁公书法见长，先生自幼习与性成，常置大方砖一块于院中，旁置笔一枝，路过时即悬笔书其上，以为日课。关于王弼臣先生尤有一事足供轩渠。即王先生善造假钱南园字，惟妙惟肖。一日先祖购得钱册一，大喜，以就正于常熟翁文恭公同龢，翁亦善鲁公书，亦以为精，乃以示王先生。王先生笑曰："不敢，此小侄所伪造耳！"先生幼时即常与王先生讨论颜字，其最初写颜字者以此。后受张幼樵丈佩纶影响，改写山谷体，书札多用之，颜体则较少矣。民国十四年故宫博物院成立，为书颜体横匾悬之。以其尺寸过大，《社会日报》颇疑故宫用照像放大颜字双勾于匾者，其实仍系先生所书者。近年所见则一为书张自忠将军纪念碑，一为世界社恒杰堂所书对联，皆颜体也。

　　先生习画盖由于早年在欧习农学及微生物学，农学中昆虫一项常须描写，而在显微镜下亦须描绘，此即先生所谓天然画也。至抗战胜利，在沪更进而临摹中国古画。所临摹者甚多，然最长大者当属临摹文勤公之山川条幅，当年曾命予写一长跋，其中有关舍间家世者颇多，兹录如后。

二、临文勤公山水条幅跋兼及家世

　　明永乐初，始祖平福公始自山西洪洞之小兴州迁居高阳之庞口村，是为吾李氏居高阳之始。平福公四传至参议公俨，明成化戊戌（一四七八）进士，仕至山西布政司参议。参议公二子六孙，长子赠公师孔，次参政公师儒，弘治庚戌（一四九〇）进士，仕至山西布政司参政。参议公第四孙临洮公东少为赠公第三子，是为吾东三支之祖。临洮公六子，第四子邑庠公知斯，是为吾房之祖。第五房祖曰肖野公知止，第六房祖曰振野公知先，振野公生文敏公国楷，万历癸丑（一六一三）进士，吏部尚书中极殿大学士，是生文勤公霨。公与吾四房之電祖，同曾祖兄弟也。公生于明天启五年，即西元一六二五年，七岁而文敏公薨。中顺治二年（一六四五）乙酉清代乡试第一榜举人，明年丙戌（一六四六）连捷成进士，时方二十二岁。至顺治十五年除秘书院大学士，年方三十有四，清代宰辅大拜时年龄以公为最少矣。历官至户部尚书保和殿大学士，以康熙二十三年薨，即西元一六八四年也。据其门生康熙丙辰进士阎世绳《渊源录》所记（见《史学年报》），"为人气象沉毅有威,身短体腴,面白须黄,额广而高,后项直削如壁",足见其威仪矣。"能诗兼明天算,曾奉诏观测日影及审视中西历法之争,辨其乖真,虽专家莫能加也。"著有《心远堂诗文集》、《伴星草》、《闽役纪行》等书。《红豆树馆诗话》以公文章彪炳,开有清一代风气之先,信不诬也。公屡掌文衡,当代名儒巨公若徐乾学、李天馥、毛际可、曹禾、王士禛、陈廷敬、邵远平、沈珩皆出其门下。时当明末,吾乡孙督师承宗,允文允武,系天下之望,而肖野、振野两公及东三支长房之震公,皆与孙公为至交,文敏公又出其门下,当时吾乡人物之盛,盖炳耀于燕南矣。

民国二十一年夏,关伯衡丈冕钧语予厂肆有文勤公画山水,罕见也,因诣肆询之,价极巨。既而知系张文襄公子君立太姻丈权家所寄售,乃祈吴菊农丈敬修与商,卒以二百元得之。吴丈为文襄侄婿,更因之获悉此画始末。画旧为陈弢庵丈宝琛所藏,以之与张太姻丈易罗聘《苏斋图》,而居中为介者则朱艾斋丈益藩也。朱、关、吴诸丈皆先祖文正公门下士,而陈丈则世指文正公为首之同光清流中人也。此画经倭乱幸未散逸,三十六年携之南下,叔父见之喜甚,临一本置图书馆中。更语予曰:"文勤公画至希见,曷记之。"敬对曰诺。乃识之若此,且更录于叔父临本上。

三、对于颜字及家世的补充

前言王弼臣先生逸事亦见家叔所写《七十年来关于颜字之琐谈》一文中(见《畅流》第二十卷第二期),在此有须为更正者,即原文谓王先生写太和门匾额"门字右直笔末不作钩,不知其故,仅忆此一小特点耳"。按宫中匾额所有门字右直笔末皆不作钩,此宫中惯例而为王先生所遵守,否则当不能入选也。当时写者有数人。王为其一,由长官们从其中选择。

前所言家世,与文勤公同曾祖之電祖皆为迁高阳后之第十世。吾第四房之十一世祖曰璿,于康熙二十七八年间为山东平原县知县,会当时之山东巡抚恶尚书董讷,使璿祖以计陷之;不从,则寻事去其官。璿祖之孙月川公曰鏻,雍正壬子举人,明通榜进士,曾孙文肃公殿图,乾隆乙酉举人,丙戌连捷成进士,科份与文勤公全相同,仕至福建巡抚署闽浙总督。文肃公之孙即先祖文正公也。

家叔在《畅流》第二十卷第八期有《谈我的家乡》一文,与此文所记互有详略,可参阅。

我的先世及外家

一、我的先世

在明朝初年,河北省一带,经过了元明之间的大混乱,这个地方变成了地广人稀。明成祖既然想把北京建成新都,所以在永乐年间,就大批的移民,充实这一带的居民,我家就在这个时候迁到河北高阳县庞口村。

迁居的始祖讳平福,他是由山西省洪洞县的小兴州村迁来的,这是高阳李氏的开始。再往上说家谱就不太清楚了。本来李氏是个大姓,据陈寅恪先生的考证,李唐本来是赵城李氏而冒陇西李氏的,何况唐朝赐姓甚多,所以在唐朝以后李氏的家谱已经混乱了。

我们家谱中说是由小兴州村迁来的,据我的研究,小兴州村只是当时移民的一个集中站,普通河北省人,全是说由小兴州村迁来的,何以专迁小兴州村的人,而小兴州居然有这么多的人口可以供迁移?这全是成问题的事。我说它是一个移民的集中站,应当较为合理,但是我们原籍却是山西是毫无问题的。

在第五代的祖先到山西做布政司参议时,他在山西碰见很多同族的人，据说他们在山西甚为贫困，我们这位祖先就对他们说："北直隶地广人稀，你们何不同我到那里去住？"他们也就随着来了（按明朝的北直隶就是现在的河北省，因为明朝称现在的江苏省为南直隶）。这一批人来了以后，就是我们祖坟中所称为南茔的，以前迁来的祖先就称北茔。

始祖平福公的曾孙名叫甫荣，他同前两代皆是秀才，他活到八十三岁。这是我们祖先中男性年纪最高的一位。女性中当推我的母亲，她活到了八十六岁，故在台湾。我曾经将甫荣公活到八十三岁的故事在前两年告诉给家叔李石曾先生，他说他要打破纪录，果然今年他已经八十四岁了，身体仍然甚健康，最近方乘飞机往南美洲的乌拉圭。

甫荣公的儿子是参议公俨，他的字是惟俨，又号仲威，他是明朝成化戊戌年（一四七八）的进士，他是高阳李氏中进士的第一人。中进士后，他就做了南京户部主事，他后来官做到山西布政司参议。在明朝所谓布政司参议或参政等于清朝所谓各省的分巡道。按《明史·职官志》，布政使司左右参议从四品。他在这时间行政上甚有名声，有一家有两个处女被杀，知县以邻居的一位秀才有嫌疑，就为他定了罪，参议公极力为他雪冤。他死了以后，明朝的大学士杨廷和为他做了一篇墓志，杨是他的同科状元。

参议公共有两个儿子、六个孙子，在家谱上六个孙子各算一支，分为东三支、西三支。参议公的第四个孙子东少任陕西临洮府经历，这是我们东三支的祖先。他也有六个儿子，第四个儿子叫做知斯,是位秀才。第六个儿子名叫知先,号叫振野,知先的儿子名国槽,是明朝万历癸丑年(一六一三)的进士,天启崇祯年间做到吏部尚书,中极殿大学士,谥法是文敏。他的儿子李霨,生在明朝天启五年,七岁而他的父亲文敏公死了,他在清朝顺治二年(一六四五)中了清代乡试第一榜的举人,明年丙戌(一六四六)连捷成了进士,这时他方才二十二岁。这一科的状元是山东聊城县人傅以渐,已经四十来岁,他就是傅校长孟真先生的祖先,所以论起世交来,我还要比孟真小两辈。到了顺治十五年李霨方才三十四岁,已经做到秘书院大学士,清代的宰相大拜的时候以他的年龄为最少。他死在康熙二十三年,谥法是文勤。圣祖晚年忽然想起他,就给他的孙子大理寺正卿的官职。他们皆是东三支第六房的。

二、我的高祖李文肃公

就在康熙二十七八年间，我们第四房的第十一代祖先名叫李璐，任山东平原县知县，他是秀才，是文勤公的族侄。那时山东的巡抚非常的痛恶尚书董讷。董是平原县的人，就告诉李璐用计谋来陷害他，但是李璐不肯听从，巡抚大怒，就寻找一件事把他的官免了。

李璐的曾孙曰鏻是雍正壬子科举人，乾隆丁巳（乾隆二年）明通榜进士，官至陕西商南县知县，死在任所。曰鏻生文肃公殿图，号叫丸符，又叫石渠，这是我的高祖。他生在乾隆三年（一七三八），他是乾隆三十年乙酉（一七六五）的举人，第二年丙戌连捷成进士，改庶吉士。文勤公亦是顺治乙酉丙戌连捷成进士，到这时恰好一百年，前后相符，真是巧合。乾隆三十九年派充湖南乡试正考官，洪素人（朴）为副考官，五月出京，十月回。乾隆四十年（一七七五）奉命为会试同考官，时大学士稽文恪（稽曾筠）为总裁，恰遇见吴锡麒对的策问，甚为博洽，稽文恪疑心它里边有错误，照例考试中，策问中有错误的就不能被录取。文肃公就用三张竹纸给他一个字一个字的注出,文恪说:"这样的房师,不止考试的应当感激,连我亦感激他。"这段故事见于吴锡麒给他所作的墓志铭。

乾隆四十八年(一七八三)甘肃石峰堡的回回作乱,高宗派阿桂及福康安率兵去征讨,并派文肃公以礼科给事中的官职,随着军队办理粮台的事,到了甘肃不久,就补上巩秦阶道。乾隆五十五年(一七九〇)高宗命查考泾渭清浊源流,陕甘总督就托文肃公代去察看。公就往来渭水泾水各处实地察看,回来后作了一篇《渭水清浊源流考》,并绘画地图,请陕甘总督代呈高宗。这篇文章相当的长,大意是说:"向来解释《诗经》的皆以为泾水是浊,渭水是清,现在细心考查,实在是渭水是浊,泾水是清,凡不轻信古人的,乃不至于曲解古人。"

乾隆五十八年(一七九三)洮州卓泥土司与四川松潘各土著争噶固山的界限,总督又派文肃公去调查,来回两次,经过各土司地界,作诗四十首,名曰《蕃行杂咏》,记载各土司的风俗。乾隆六十年(一七九五),升建臬司,由此一直逐渐的升任安徽巡抚,后调福建巡抚。调福建巡抚在嘉庆七年(一八〇二),后又署理闽浙总督。光绪初年,闽浙总督文煜答应绅士的请求奏请赐与谥法,遂谥文肃。

最初在兰州的时候,曾告诉汪志伊说:"要济事勿喜事,要近情勿殉情,要惜名勿沽名,要任怨勿敛怨。"后汪志伊将这几句话转告旁人,传布甚广。李慈铭在他日记上说:"这几句话很切实有用。"

　　文肃公的第二个儿子李龠通号叫秬轩,是道光癸未年的进士,他分发到户部做主事,后来逐渐的升到郎中,外放广东省的惠潮嘉道,后来又升任两淮盐运使、浙江按察使,故在按察使的任内,这是道光二十五年的事,他年纪才到五十岁。据当时浙江巡抚梁僧宝的奏折中说,他两袖清风,官家为他殡殓。据梁章钜所著的《浪迹丛谈》书中说,他做两淮盐运使的时候,是对商人一个钱也不要,当时正是太平天国没有作乱以前,盐务正在兴盛的时候。在他升任浙江按察使的时候,盐商们大家集凑八万两银子赠送给他,他绝对不肯接受。等到他死了以后,灵柩北返时,路过淮安,盐商们又将这八万两银子改做奠敬送去,他的夫人张氏仍旧拒绝不收。所以梁章钜先生对他们夫妇两个倍加称赞。按他的夫人是南皮县人,是江西驿盐道张受长的女儿。可惜廉访公龠通并没有儿子,只有女儿嫁给霸县的韩家,与韩复榘同族。

三、我的外家张文达公

我的外家是南皮张氏,他们也是由山西搬来的。日本人说:"张文襄是鲜卑人。"这话很错误,因为他们是由山西搬来的,并不是南皮的土著。在明朝正德戊辰年间,张淮中进士,授户部主事,后官至河南按察使。

我的外曾祖张文达公之万,同他族弟张文襄公之洞皆是他的后人。文达号叫子青,是道光二十七年的状元,咸丰元年做河南正考官。清文宗崩于热河,肃顺专政,醇郡王与他密谋划策,召恭亲王往热河,卫护太后返北京。后来肃顺等被杀,随命文达公署理兵部左侍郎。同治元年派他去河南考察事件,随命他署理河南巡抚,这时捻匪已经侵犯河南,文达公训练军队,号称豫勇,与捻匪苦战。后又补授河道总督,同治九年调补江苏巡抚,十年授闽浙总督。

因为他的母亲年将九十,他就请求回家养亲,但事实上他仍住在苏州拙政园。拙政园是苏州的名胜,有文征明画的《拙政园图》,有吴梅村的《拙政园诗》,他生性淡薄,就不想做官了。据有一个笔记中说他住在拙政园的时候，穿着短衣服草鞋接待宾客，绝不像一个做过大官的人。他并且善于"翻铜旗"，常同苏州的乡下人玩这个。按翻铜旗是玩骨牌的一种，在战前我曾同苏州人谈起这事，他们说："这是一种老的玩法，现在的苏州人，懂得的已经不太多了。"

到了光绪八年，清政府又召他来北京，受任兵部尚书的职务，十年命他入军机，兼署吏部尚书，充任上书房总师傅，十五年补授大学士，十八年授东阁大学士，二十三年五月病故，年八十有七，这时我方才三岁。

他善于选择将领，张曜、宋庆全是豫军中的大将，宋庆并且曾经参加中日甲午战争。他尤其工于绘画，颇有倪云林黄子久的风味，有人说清代的大画家王石谷卒于康熙丁酉，年八十六，张文达卒于光绪丁酉年，年八十七，也是一件巧合的事。又翁同龢说他平生喜怒不见于色。文达公的祖父亦善于绘画。他的儿子就是我的外祖父名嘉荫，也善于花卉，颇近于恽南田。我的舅父名奎正，也工于绘画，他的山水是仿戴鹿床一派，可惜十八岁就死了。南皮张氏的画画到他已经四代了。

我的外祖父张同叔先生，初次娶景县戈氏，生舅父奎正，在太平天国向北侵犯到直隶南部的时候，她就自杀殉节了。续娶南皮县黑龙村刘夫人，她是文达公的外甥女，与我外祖父是表兄妹，生了两个女儿，一个是我的母亲。我的母亲是光绪元年生在苏州拙政园内，四岁方才到回南皮。当时的拙政园比后来的更为热闹，据外祖母告诉我说，每个院子里各种有特别的花木，譬如丁香院、牡丹院等，在抗战前我游逛苏州的时候，拙政园中这些花木全都零落了。外祖母对我特别宠爱，所以我在游逛拙政园所作的一首诗中末了两句是："伤心最是负期许，十载漂零惭魏舒。"以纪念我对外祖母的感激。

文达公固然画山水，但早年也曾画过花卉。记得有一天在北平同仁堂乐家看见一幅牡丹，署名是文达公的，乐家人问我："真不真?"我很快的回答说："一定是假的。"后来我到天津问我的舅父张龙媒先生(元骧)，他就告诉我说："这是真的，是文达公早年画的。"这等于有一次有人问我，我的祖父是否能写魏碑。我回答说："他早年写董字，后来写颜字，间或写苏字，但是他不写魏碑。"可是在战后，我到天津姚宅去，看见很多封我的祖父写给他的表弟姚学源先生的信，也有的用魏碑体写的。记这两件事，以说明不确实知道的事万不可以胡说。

我顺便一谈文达公的族弟文襄公(之洞)前后写字的变化。大家全都知道文襄写苏字，常在琉璃厂买清代信札的人，必然对此全熟悉，不止他亲笔写的信是苏字，就是他的代笔的人也是写苏字。因为我看见过上千封文襄公的信札，我很容易辨别哪一封是他的亲笔，哪一封是代笔。代笔人甚多，但主要的是张曾畴先生，他是在幕府中最久的人。实在他早年是写董字，我曾看见过他给我父亲写的一副对联，就是如此。又文襄公曾作过一个诗钟，这是在光绪年间很盛行的一种玩意儿，由旁人或者自己任意拈出意义毫不相连的两个字，就作一副对联，把这两个字一联镶一个，这种文人游戏在台湾也曾盛行过。有一次文襄公曾作过一个诗钟是"射虎斩蛟三害去，房谋杜断两贤同"。后人对这一副联有种种的传说，有的说是文襄公自己作的，也有人说是上海道蔡乃煌所作，"房谋杜断"一句是恭维文襄公与袁世凯的，当时江叔澥（瀚）先生就有这种说法，并且记在他的笔记上，我看见了以后，就对他说真相完全不是这么回事。这是在光绪二十九年文襄公被召入京甚久，讨论学堂章程及办理经济特科等事，他闲着时候常在琉璃厂逛古董铺，也常到各名胜闲游，我父亲常常陪着他。有一天约了几个朋友逛天宁寺。天宁寺是在北平彰仪门外，隋代的古庙，这是北平文人常游逛的地方，那次就在庙中的塔射山房吃饭，座上有不少的客。席间文襄公就对我父亲说："我要作一个诗钟，请你举出两字来。"我父亲举目四望，看见塔射山房的匾额，就说"射""房"两字好了。文襄公就一面吃菜，一面同大家谈着天。大约过了一刻钟的时候诗钟就作得了，就是前面所说的那一联。我举这条笔记中对以前的事，除非亲自经历的人，常常多揣测之思，这种例子在各种笔记中是常见的，就是正史也难免这种毛病。

文达公的少子名瑞荫，号叫兰浦，田荫生就职刑部员外郎，后升郎中，后来考取御史，曾同徐世昌往东北为秘书。辛亥革命以后，就住在南皮家中，自号怀清居士，以避免在民国做官，著有《敦朴堂诗文集》。他很喜欢作诗，并为他的族叔文襄公所赏识，在《广雅堂诗集》中刻有一诗题曰："族侄瑞荫入学与其父子青宫相同岁赋诗为贺。"诗曰：

高人巨谷虎龙蕃,合有兰芽玉挺妍。

刚数祥龄周绮甲,已欣故物得青毡。

传家灏固汾阴榜,华国韦平汉史编。

我愧颍滨羁海曲,和诗喜得小斜川。

崭然头角不寻常,南阮西裴与有光!

岂羡文辞比枚马,好为公相致尧汤。

父风清约留茶器,门地高华戒紫囊。

六十年来重秉节,佳谈更继北平黄。

（黄侍郎叔琳与其子总宪登贤先后同科成进士。）

　　据我听见人说文襄公到了晚年,因为政治上太忙,他并不常作诗,有时是幕府代作,比如《广雅堂诗集》中,俄国太子来游汉口及希腊世子两首诗,就写明幕客代作的,然后由文襄公亲笔写在团扇上送去,但是上边这一首给兰圃先生的确是他自己作的。

　　兰圃外叔祖因为喜欢作诗,同徐花农(琪)丈来往甚密切,常有诗相唱和。记得在北京的时候,有一天他来到我家,拿着徐花农同他的唱和诗给我父亲看。花农丈是先祖的门生,但是他是俞曲园(樾)的直接受业学生,他与俞曲园唱和的诗尤多。说起俞曲园先生这个人来,这也是一个怪人,他同先祖咸丰二年壬子同年的翰林,他并且比先祖早做河南学政,就在学政任上对于出题目被御史参革了官。到了清代末年四书题出得太多了,恐怕考试的人很容易抄袭旁人的旧文章,所以就想出一种新方法,将前后相连的两句,上一句的末尾同下一句开头连到一起,名为接搭题，使考试的人无从捉摸，他就出了一个题目叫做"君夫人阳货欲"。这句话令人看了实在可笑，不知当时曲园先生是有意还是无意想出的。照道理说"君夫人"是在前一篇的末尾，而"阳货欲"见孔子是在另一篇的开头，普通的接搭题只是在这一章同那一章之间，而不应当在这一篇跟那一篇之间，御史就以大不敬参了他的官。他从此就在家里著书，著有数十种之多，总名叫《春在堂丛书》。

四、我的祖父李文正公

　　我的高祖文肃公共生了三个儿子，他第二个儿子廉访公（龠通）前面已经说过，他的长子辙通，三子濬通是同母的弟兄，我的祖父是长支所生而过继给三支为后。他是嘉庆廿五年正月初一日生在广西贺县县署中，他讳鸿藻，字季云，号石孙。因为他的祖父文肃公号石渠，所以他号石孙，后来又改号兰荪，这个号外人知道得比较多。他本来有一个姊姊两个哥哥，姊姊嫁给天津人徐然，他做到湖北省房县知县。他的大哥名鸿烈，字桐孙，他活到三十多岁，二哥名承瑞早卒。后来他在天津从他的舅父姚玉农（承丰）先生读书，很得到他的益处，到了咸丰二年中进士改任编修，就在咸丰五年简放山西副主考。咸丰七年又奉命为河南学政，学政的任期没满，恰遇见清文宗使大学士们保荐年在四十岁左右、可以教大阿哥书的，他们就保荐了我祖父。于是我祖父就到了热河，这是咸丰十年的事情。他所教的就是后来的穆宗。

　　同治元年经过了政局变化以后，两宫太后垂帘听政，二月穆宗入学,上谕以我祖父与祁寯藻、翁心存、倭仁在弘德殿授读。
弘德殿是在乾清宫西边的一座殿。祁、翁、倭三位皆是尚书,而
我祖父的官职最小,只是翰林院编修,后来祁公等三位同谥文
端,而我祖父故去得最晚独谥文正。据说穆宗小的时候喜欢默
诵,我祖父劝他高声朗诵,他也就听从。他对于师傅们比较最畏
惧我祖父,因为他是他四岁的时候开蒙的老师,所以翁文恭(同
龢)在他日记上常说:"兰荪来,读则勤,非他人所能及。"兰荪是
我祖父的号。在读书的时间,他常劝穆宗不要喜欢游玩,倭文端
(仁)听了就对他说:"你说这句话很好,但是不要忘了《论语》上
所说的:'事君勿欺也,而犯之。'"我祖父听了这话,从此就不听
戏,后来同僚们知道了他的情形也就不请他看戏了。这话是徐
荫轩(桐)告诉文韵阁丈(廷式)说的,他就记在他的笔记中。

　　到了同治四年十一月十一日,他已经做到内阁学士兼礼部
侍郎衔,清政府就命他在军机大臣上学习行走,仍旧在弘德殿教
书。同治五年他的嗣母姚太夫人病故,两宫太后命他夺情,穿孝
一百天后,仍旧在军机处做事,并在弘德殿教书。清朝的制度满
洲人遇见父母的丧事,只准他假期一百天,至于汉人的官吏仍照
中国的旧习惯,官就不做了,要回家去穿孝三年。所谓夺情是不
准他穿三年的孝,只准他穿孝一百天,一百天后仍旧服务,这种
办法在清雍正乾隆年间,曾经施行过,到了同治光绪年间,曾国
藩、李鸿章皆曾夺情。但是我祖父不肯听从,曾连上四次呈文,
请求仍照旧穿孝,但是清廷不允许,并派恭亲王亲自到舍间来劝
他。到了第四次,我祖父仍旧坚持的时候,政府只好允许他告

假,他就一直到孝满方才出去做官。

到了同治十一年,穆宗将要举行大婚典礼,内务府要求了很多的预算,就是宫中悬挂灯彩一项也须要很多钱,我祖父颇不以为然,他的性格很刚直,就对恭亲王说:"论起来悬挂灯彩应当东起山海关,西至嘉峪关皆应当悬挂,又岂止这一点经费!"恭亲王回答说:"你的话太正直,不可以用。"这亦见于文韵阁的笔记中。

清朝的规矩对于抑压宦官颇有旧规矩,但是当太后当政以后,太监逐渐的侵入政权。比如同治八年安得海出京到山东,经山东巡抚丁文诚(宝桢)报告清政府,恭亲王及我祖父皆以为太监不得私自出京,拟置重典,结果使安得海在济南被杀。只是到了光绪年间,李莲英方才招权纳贿,这时候我祖父已经退出军机了。

同治十二年穆宗亲政,内务府的官员为的可以于中图利,就劝孝钦后重修圆明园。大家全知道圆明园于咸丰十年为英法联军所焚毁后,残缺得很厉害,现在要重新修理需要的款项甚多,这时同太平天国战争结束不到十年,而捻匪仍旧在各处混乱,所以明白的人全都反对。我祖父同恭亲王、文文忠(祥)等共八个大臣连名上奏折劝不要举行这种工程。在此以前我祖父在弘德殿讲书的时候,当面对穆宗不知谏劝多少次,所以李越缦(慈铭)在他的《京邸冬夜读书》第四首中说:"昨日中旨下,率钱修离宫。读诏私太息,此举宜从容。……贤傅造辟言,主德本至聪,岂不念民瘼,何难罢新丰?"贤傅就是指我祖父。据说八人同上的奏折是由奕劻(后来的庆亲王,当时只是庆贝勒)起草而由我祖父修改的。据说这奏折上了以后，想把他们八个人全都革职，后来只将恭亲王革了职，以后大家又谏诤，始改为只修圆明园中的安佑宫，后来又改为不修圆明园，只修三海。按三海在北平城内有中海、南海、北海，俗称西苑。这个修改过的折稿仍旧保存在我的手中。

他同文文忠（祥）极为友善，在光绪二年，文文忠故世的时候，他写了一副挽联，文如下："共济溯同舟，直谅多闻，此后更谁能益我？中流凭砥柱，公忠体国，方今何可少斯人！"由此可以看出他们两人的交情。文文忠是中国近代外交上有名的人物。

到了光绪六年，伊犁发生的变乱，俄国人藉此提出条件，中国就派了崇厚到俄国去做钦差，遂与俄国人订立了条约，名为将伊犁交还一部，但事实上中国损失权利甚多。那时候的谏官如张文襄（之洞）、陈宝琛等皆主张毁约，而我祖父主张尤力，于是当时朝廷中分为两派。李文忠是不主张毁约的，以为在国际法上，条约既然签定了就不能改变，沈文定（桂芬）当时也是军机大臣也反对毁约，我的祖父同沈文定当着太后的面前，极力主张废约，于是就命令新派去的钦差曾惠敏（纪泽）从新交涉，另立新约。就在这时候有人就称这般谏官为清流党，而称我祖父为清流的首领。后来曾惠敏终将伊犁争回，与俄人重订了新约。

光绪十年中法为安南的事情发生战争，醇亲王就藉这个机会推翻恭亲王，所有的军机大臣皆被罢免，我祖父也被降职为内阁学士，十三年又重做到礼部尚书。这年又遇见黄河在郑州决口，就派我祖父以钦差名义视察黄河工程，后来又派他督办郑州的工程。因为动工的时间太晚了，清政府又屡次督促，我祖父努力了六个多月的工夫，将两百多里的决口，堵塞了只余下三十几里，因为赶速工程，在光绪十四年五月间，新修的堤防崩溃了一小段，于是另派了河道总督。潘文勤（祖荫）向我祖父建议，改用水泥（当时称为三门土）筑堤，我祖父后来也听从了，后来的河道总督也用这种方法成功的。郑州的黄河工程，自经这一次整理之后，一直到民国未曾再决口，这全仗着改用水泥筑堤的缘故。

到了光绪二十年，中国同日本战事发生，我祖父先受上谕到军机处看有关战事的文件，后来就再补授军机大臣，这一次他同翁文恭（同龢）皆是主战的，当时李文忠不主战，因为他自己率领淮军，深知淮军的积弊，不能够打仗，但是他也不敢对太后说，所以结果失败了。光绪二十三年他又做到吏部尚书协办大学士，于六月间病故，清代的官书如国史馆列传等皆说他死在七月初，其实他的逝世是在六月廿四日，因为当时正赶上清廷有喜庆的事情，照例是不能递遗折，一直迟延到七月初方才递上，所以清史中皆沿袭着这种错误。自光绪二十二年初患中风症，后来逐渐的休养好，但是仍旧带着病上朝办事，到了这一年旧病复发，遂至于不起，他卒年七十八岁。

我祖父的为人是执正而行，不会玩手段的，德宗的褒扬上谕说他："守正不阿，忠清亮直。"这话是不错的。翁文恭在听到了他故去后，在他日记中就说："为朝廷惜正人，为吾党伤直道。"可代表旁人对他的批评。

他做事很持大体，比如有一次德宗召见他，对他说："西边闹得太不像样了。"我祖父那时候已经将七十岁,有一点耳聋,但是实在听见了说话,他知道德宗是指的孝钦后,那时西苑方动工修理,就回答说:"皇上说的是不是西苑的工程,那很容易办,叫他们对门禁加紧一点,免有闲杂人等随便出入,不就好了吗?"这表明我祖父对于帝后之争,总持着调停的态度。

另一件与此相类的事情,就是撤消毓庆宫书房的事,据说那一次孝钦的原意不止撤消书房,并且将翁文恭驱逐回籍,如戊戌年的情形一样,这是听见我父亲说的。这件事发生的时期,荣文忠(禄)恰好奉命到东陵去,他回来以后就来看我祖父,恰好我祖父病了,不能到客厅去,就在卧房接见他,我父亲就陪着他进去侍立在旁边,所以听见他们俩的谈话。文忠说:"这件事情太便宜了常熟,四哥为什么帮助他说话?"因为我祖父同文忠是盟兄弟,所以称他为四哥。我祖父就回答说:"无论如何常熟总是一个多年的老臣,我觉得对老臣不应该如此,所以我帮他说话。"文忠就叹息说:"四哥真是君子人也!"这是听我父亲亲口说的。文忠对于翁文恭原有旧怨,他曾有一次连络翁文恭,想同他合力排挤沈文定,不料文恭把这计划告诉沈文定,文定就连络御史,使他们参文忠,结果文忠被派出去,到西安去做将军。这是一个闲官,几乎度了十年的岁月,所以文忠对翁文恭始终不满意,有一种笔记中曾记载到此事。

我祖父病故以后,朋友门人们的挽联甚多,汇集了一部荣哀录,现在将其中两联录在后面,一联是张文襄作的,文曰:"元祐初政,世称司马忠纯;再相未几时,凄凉竟堕天下泪。筹边非才,我愧晋公荐疏；九原不可作，苍茫空负大贤知。"又一联是王照所撰而用旁人的名字写的，文曰："与虎谋皮，八百里用报小戎，忠愤久填膺，彼何人斯，忍与终古！引狼入卫，九州鼎铸成大错，老臣不瞑目，望吾君者，不在私恩。"这联名为挽我祖父，实在是专骂李文忠的。上联是中日和谈，下联指中俄密约。

五、我的父亲

我的父亲讳焜瀛,字符曾,号曙孙,当然比我祖父平凡得多了,但是也有几条特别的事情可以记载的。

他生于同治十三年甲戌。我的祖父原配张太夫人,是山东海丰县人,同我祖父是表兄妹,她的母亲是天津姚家的七姑太太,而我祖父的本生母亲是八姑太太,他的嗣母是九姑太太,这时张太夫人已经故去了三年,我的伯父(名兆瀛,字仙洲)因为白喉的缘故,与他的母亲同时病故,那个时间家中也没有人了,所以我祖父非常的彷徨。我的伯母涿县齐夫人劝我祖父再娶,叔父李石曾先生在他的《石僧笔记》中说:"更有为人称道者,父于五十岁后丧失独子,但昼夜忙于国事,故对个人生活之孤寂与家庭之衰落,亦不十分注意,而少成立新家庭之念,嫂则从旁力为促成,乃其赞助高阳李氏复兴之功绩。"

杨太夫人是河北省通县人,同治十二年生我的三姑母名淑莲,第二年就生了我父亲,他曾经学习八股,但我祖父不让他考试,说我们可以由荫生做官,何必同读书人争地位,他后来由兵部员外郎升为刑部郎中,宣统三年做到邮传部左丞署左侍郎,我所谓值得记载的是在民国的事,他那时方在壮年。

(1)拒绝在民国做官。民国元年初次组织内阁的时候,袁世凯先找五叔李石曾先生加入,五叔是进德会的会员,会员是以不做官吏不做议员相号召,就以这个理由辞谢了。但袁世凯始终愿意一个北方人加入,就转念头到我父亲,论资格是很合适的,因为他在清朝已经做到署侍郎的职位,所以他很可以做总长,但是他念清朝的旧关系,仍旧辞了不做。后来清史馆成立,馆长赵次珊(尔巽)丈是我祖父丙戌科门生,他就找我父亲加入,但是我父亲辞谢他说:"我的光景尚能维持,请先尽着用世兄弟里边比我更贫苦的。"现在关外本《清史稿》上列有我父亲的名字,但是我父亲也没有领过薪水,也没有办过公。

后来到了徐世昌做大总统的时候,他本来是我祖父的门生,又同我父亲是盟兄弟,平常往来得很密切,但自从徐做了大总统以后,父亲就不到总统府去。有一天徐看见了祁孳敏(友蒙)姻丈,孳敏是祁文恪(世长)的儿子,徐是文恪壬辰年所取翰林,所以他们两人是世兄弟。徐就问起我父亲来,并表示希望他去的意思,徐就可以给他一职位做,我父亲听了这话仍旧没去。

(2)拒绝为袁世凯称帝做劝进工作。在袁世凯预备称帝的时候,他的党徒们就到处劝人,上书劝进,并假定父亲为直隶省的领先代表。他们以为袁世凯同我祖父的关系很深,他的嗣父保庆是我祖父在河南学政任内的门生,后来他在小站练新军,很出于我祖父的提拔,所以来说的人认为父亲一定肯答应。不知道父亲听了以后大怒，绝对不肯答应，并且说："你们若暗中用我的名字，我一定要登报声明。"后来来说的人害怕了，就另请一位直隶同乡做领先代表。

（3）反对宣统复辟。父亲既然常同那般遗老们来往，所以对于张勋的复辟事先已经有所闻，并且听见说复辟以后预备将邮传部侍郎的位置给他，他听见了这话就事先赶紧南下，往南京去访冯国璋，以便避免卷入这个漩涡。他在南京上海住了半月以后，北方的乱子也平息了，他方才回来，这是反对复辟的一幕。

综合以上各事看来，我父亲虽无赫赫之名，但他有他的坚定的立场，他一方面因为他的曾祖文肃公及他的父亲文正公皆曾经在清朝做过大官，所以他不肯出仕于民国，另一方面他生当民国之世，也不肯反对民国，所以他既不赞成袁世凯的称帝，也不赞成张勋的复辟，这就是他一生立身的大节，这是很多遗老们不明白，很多民国的官吏也不明白，只有我能窥见他的真意所在。

他的相貌颇与祖父相似，在他过六十岁整寿的时候，陈弢庵（宝琛）丈送他的贺联说："能话元祐初年事，犹见耆英末座容。"在宋朝司马温公曾参加洛阳耆英会，而他的年纪最轻，所以称他为末座，这是以司马温公比我的祖父，而下联就是说我父亲与祖父的容貌很相似。民国廿六年他卒于北平法国医院，年六十五岁。

我的童年

一、我能说话甚迟

　　光绪二十三年六月我的祖父文正公逝世，在此以前我不会说话，但是心里甚明白。我的大小儿李焘说话亦甚晚，我常笑他，族兄李子久长生在旁边说：你不要笑他，因为你说话亦甚晚。并且在这年春夏之交，我同母亲从北池子外祖母家回来，奶妈领我去见祖父，那时我祖父已经病了半年，坐在床上，祖父问我想他吗？我点点头表示想他。但是我祖父又问哪里想他，我就拍拍心口，表示从心里想他。祖父叹了口气，叫奶妈领我去吧。盖叹息他自己年老多病，甚难看到我之成立。这段事当然是奶妈事后告诉我的。这也足证明我那时还不会说话，不过当时我只是一足岁十个月。

二、戊戌政变

第二年戊戌我四岁,不只能说话,并且亦开始认字号,北平人称方块字为字号,大约是每认完若干字,就包成一包,封面上写上第几号,字号的名称,当由此而来。字号是由五叔李石曾先生写的,其方法亦与旁人不同。因为当时他正同齐禊亭太夫子读书,齐太夫子名令辰,壬辰贡士,甲午进士,精于文字学,当时称之为小学。所以五叔写的字号是根据王筱友《文字蒙求》上面的字,这在当时亦是件不平凡的事。我在童年已经熟闻六书之说,现在在台湾大学《文字蒙求》是中文系大一的课本。

这时先祖方逝不久,他的门人们如杨士骧、王懿荣等常来我家。那时我家住在北平宣武门外丞相胡同,房屋共有一百多间,大家常聚会的地方是在前院的西跨院,那里是五叔的书房。那时候常来的除了以上所举列的人外,还有王筱航丈名照,他是戊戌政变中的重要人物,他也是先祖的门生,甲午的进士,这时官礼部的主事。他因为与齐禊亭太夫子殿试同年,所以他来的更勤,那时五叔已经趋向于维新,所以同他谈的更合式。据说王筱航曾经主张使康有为保荐五叔，如保荐四京堂之办法，但是先君持重，加以反对，因而作罢。但我这是听见说的，不能证实。因为据我想清朝的制度，丁忧的人员不能出来做官，就是康有为答应，恐怕也不能成功的。

这戊戌年的五月，王筱航遵从德宗的谕旨，上新政条陈托礼部尚书代递。但是当时的尚书许应骙是最顽固的人，将条陈退回。王筱航大怒，遂上书参礼部尚书侍郎六位堂官，说他们壅于上闻。这一下子许应骙也不敢不替他代奏，因为清朝的规矩若是司官参堂官的奏折，堂官有代递的义务。于是奏折递上，德宗当然大怒，遂马上将礼部尚书怀塔布、许应骙，侍郎堃岫、张英麟、溥颋、唐景崇全体罢免。其中怀塔布的夫人是慈禧太后的亲戚，她遂往颐和园见太后哭诉。最初，慈禧对于德宗之实行新政，未尝不知道一点，但始终以为不是一件大不了的事。至是太后看见要动她的党羽，遂加速八月再训政之举，可以说是王筱航这一个折子所引起。他这震惊一时的折子是在舍间西跨院书房所起草的，并且由齐禊亭太夫子的族侄齐文书守郎所抄写。尤其可笑者，王筱航的敌人许应骙也住在丞相胡同，较舍间偏南，他的两位世兄，也常来我家闲谈。不过他们来的时候，总是到大厅的西厢房梅韵生先生的住房，而不到西跨院，所以他们同王筱航碰不到一起。我初次见王筱航时，先君教我称他为王老伯，但是奶妈听错了，回来告诉母亲说：今天见了一个人名叫王老婆。这种情形现在想起来好像是昨天的事。

太后再亲政以后，王筱航当然被革职永不叙用。德宗囚在瀛台,王筱航曾计划联络几个武士爬进墙去将德宗救出。他并预备好了几匹马,以便直奔日本使馆,但这事并未能成功。后来王筱航逃到日本,但与康梁皆弄翻了。至辛丑年以后经过大乱,他始重返祖国,改姓为赵,创办官话字母社,出版各种字母书籍及报纸。

三、庚子拳乱

　　光绪二十六年庚子，这一年发生历史上有名的拳匪之乱。记得在旧历端阳节前几天，我同母亲往北池子外祖母家。这时北平城里交通甚不方便，来往的人除了步行以外，最高的官吏坐四人抬的轿子，其余的人坐大鞍车或小轿车，大鞍车比较宽敞而舒适。由我家丞相胡同到北池子需经过前门。在庚子以前，前门瓮城的四周皆盖有小型的违章建筑，东边叫帽巷子，西边叫荷包巷子，庚子年义和团焚前门时亦同时被毁，到了光绪末年又重新修复。说起前门来，它是出进内外城必经之路，可是它的拥挤之状，非我们现在的人所能想像。前门共分四个门，南面的门不开，专备皇帝经过时开启，普通人只能走东西两面的门，然后再会成一行，走进北面的门。当时北平并没有警察，无人指挥交通，城门下也没有设单行道，所以当出进的车辆碰到一起互不相让时可以停留两个钟头不能动。进了前门，再绕行东长安街，然后达到东安门外东皇城根。南池子的皇城缺口是民国初年打通的，所以在庚子年必须绕道东城根，再进东安。东安门的内外大街上皆有土筑的很高的大路。但是到了北池子路就比较低下去。这年就在经过东皇城根的时候，我们看见路上有两个人行走，他们一高一矮，他们皆穿着黄色的短衣，黄色的裤子，头上包着黄色布包头，手里拿着刀枪。这是我头一次看见义和团。这时人心惶惶，节后有三姑的奶妈从乡下来，劝我们晚上向东南方烧香，仆人们切切地私语说她是传习红灯罩者。到了旧历五月十九日京师愈发混乱，乃决定全家离开北京。先到通州上船，乘船到天津。本来打算由天津登海轮转往上海，但方到天津北边就看见全城烟雾障天，这乃是外国人所住的紫竹林（紫竹林在后来的法租界内沿着河边的地方）被焚。船被阻不得进，乃改路转向高阳。路过胜芳镇，发生了一件事，当时几乎成为悲剧，可是现在看起来，颇有喜剧的风味。当时河里面逃避的船只甚为拥挤，当地的拳匪，令船上的人皆跪香焚表，我们就派了一个管家张泰，到岸上拳匪的神坛前跪下，手捧黄钱纸在坛上香炉的火上点燃，拳匪要看黄纸灰的上升或下降而定这个人是二毛子不是，上升者是善人，而下降者是二毛子。拳匪称外国人为洋鬼子或毛子，而称附和外国人或信教者为二毛子。其实黄纸之飞上或下降，需看火力风力及纸之干湿。拳匪遇见与他们有私怨的人常把纸预先弄湿，则纸灰必然下降，于是就诬赖这人是二毛子。这时候叔父带有洋烛及世界地图，这些都是拳匪所谓之洋货，所以就暗中丢在河里。幸而焚纸上飞，乃决定我们是善人而非二毛子。这时候我的祖母及大伯母已经坐在船沿上，预备若焚表不对就跳河自尽。这时又恰好有一位亲戚赵三太太，她是胜芳镇人，自幼寡居，为镇中人所钦佩，她遂将义和团大骂了一顿，义和团也不敢回答。我们的船就继续开行，及行至高阳，遂暂留故乡居住。这在高阳县城内东街，是我的高祖文肃公的故居，从前有一座楼，但这时已经倒塌了。这是我生平唯一的一次回故乡。

因为听说外国军队逐渐南侵，我们就不得不更南迁。恰巧族兄李子久名长生以优贡选得曲阳县教官。教官职位虽小在县中称之为老师，虽不掌握县里的政权，但这豆腐官儿颇受士绅清高的尊敬。而且曲阳是在北岳下的一个小县，贫瘠的田地，简朴的居民，生活是简单而便宜的，我们既被迫更向南迁，而且经济非常紧迫，不得不选择一个生活较低廉的地方居住。于是我们就决定随着李子久上曲阳县教官任的便，就搬到曲阳。

北岳恒山自从汉武帝规定为五岳之一后，久已列入祀典，但它究竟应当在曲阳，还是在山西浑源县，历代已聚讼纷纭，莫衷一是，有人说从浑源到曲阳皆属恒山一脉，根本不必无谓的争论。彼时我尚幼小，当然也尚不知道这些名儒们的意见，只记得北岳庙的宏伟，门前道旁的古碑林立而已。至于风景我尚不懂得欣赏，我的日常盘桓之处，不过赵老殿的前后庭院而已。

说起赵老殿这个人来，他是曲阳县的一位绅士，他大约是秀才，所以同教官很有来往。他的号叫赵殿臣，在北方的习惯用他号的一个字加上个老字称呼之以表示尊敬之意。他人有高大且壮健的身材，常看见穿着长衫。因为他与学里（乡间俗称教官衙门为学里?）有密切地往来，在我们初到曲阳的时候，就由学里介绍到他新建的房屋去住。这屋子与赵宅一街相隔，他的住宅有三个院落,最里面的院子是赵老殿的书房,常见他咿唔读书于其中,虽不知道他读些什么,现在想起来,必是高头讲章、八股文选罢了。这恰是那时候极时兴的文章,虽然外侮方至,外兵已占据都门,山中仍旧读这些八股。真所谓戎马仓惶,弦歌不辍了。

　　我现在应该追述齐府上女眷惨被杀害的事件。自从北京混乱以后,齐禊亭太夫子也回到高阳,齐老先生是当时维新的人物,而且他的两位儿子竺山、如山皆在同文馆读书,甚为义和团所注意,而齐老先生是根本反对义和团的。我在舍间后来曾找到一本清仁宗的圣训,里面是讲教匪的,齐老先生在书眉上批说:“现在的义和团就是从前的教匪,圣谕煌煌,不可不遵。”后来他回到高阳,他对知县表示反对义和团设坛,恐怕所持的理由也就是仁宗的圣训。于是引起义和团的大怒,必欲杀害他。他得到消息就穿着短衣服跑到先祖的墓上大哭一场,而逃离高阳。他在未中进士以前曾做过易州书院山长,他并且将他的女儿许配给易县的绅士谭某,他以为易县比高阳安全,他就带着全家投奔他的亲家谭某,但谭某怕事闭门不纳,后来易县的义和团也知道他到了易县,夜里包围他的住宅,他家的男子皆跳墙而逃,可是女子全都被杀害,其中包括齐老先生的夫人,竺山及如山的夫人和一孙女,只有他的女儿及另一个孙女逃出来。他家可说是义和团事件的牺牲者。齐如山有自传,但他没详细说这件事,问他为甚么不提,他说惨不忍记。我认为这是一件应该表扬的事,所以在这里特别为之记载。

由曲阳到光州

一、由北京同行者说起

　　我们离开高阳在六月初，六月里已到曲阳了。我为什么记得如此之清晰？就是因为我的堂弟宗伟（奇甫），去年六月下半月生的，今年恰好一年抓周的日子，我尚记得他在井台上抓周的情形。不只如此，就是方离开北京那一天，行李已经装上车，父亲忽然跑进来，在后面二门的旁边，告诉母亲找一件忘了带的物件，这种情形仍如在目前。那时急于逃难，东西太多，实在带不胜带，就以父亲的细密，尚忘了带走一件宋瓷笔洗。这是先外祖的遗物，他生时喜欢收藏字画碑帖等物，据外祖母说，在他故后，外曾祖张文达公将他所遗的最好的字画要走。但后来在南皮尚看见外祖母刘太夫人手中有若干字画，皆系小品，她尚以成亲王小画册一件见赐，极精工可爱，有汤文端金钊、阮文达元等人的题跋。按先外祖名嘉荫，字同叔，一作同苏，亦能工笔画，为张小蓬弟子，《南皮县志》有传，写至此，因特并记之。

　　我们离开北京时尚有若干戚友同行，计祁景颐表兄、吴鞠农丈、田桂舫先生。祁表兄名师曾，原字景沂，后又改名颂威，字君冐，山西寿阳望族,曾祖父文端公名寯藻,字春浦,官至大学士,同治元年为弘德殿首席师傅;祖父文恪公名世长,字子禾,官至工部尚书。祁氏父子屡掌文衡,门生遍天下,尤以收藏著名,文端之宋拓大观帖,有翁覃溪等人长跋,后散出,为福开森所购得,捐于南京金陵大学。宋拓大观帖传世完全者可谓绝无,有一次在故宫点查报告中查出有大观帖二部,且系全本,为之惊喜异常。因为我对字画碑帖,丝毫不懂,所以请照像人员,每部各照两张像,转请专家审定,大家皆认为是明朝翻刻本。可见宋拓之难得。祁表兄两佐杨文敬士骧鲁抚及直督幕,仕至道员,不甚显达。工骈体文,颇有师承。

田老先生是祁表兄的老师,名步蟾,江苏青江浦人,光绪丁酉举人,后中进士,任农工商部员外郎。入民国后,五叔李石曾先生推荐与宋渔父,得任渔业司司长。后仕至农商部次长,这是后话。他字仿曾湘乡,亦善画,庚子稍后在北京,给我画过四幅画,题曰"敬威老同年",因为他是丁酉举人,而我是那一科的钦赐举人,故以此相戏;至于敬威是他送我的号,用《尚书》中的"敬天之威"句,但我始终未用过他。我三岁时尚无"官名"(北京亦有时称为"学名"的),方先祖逝世的时候,必须将子孙的名字写在遗折上,父亲就请齐太夫子为我取个学名。下面这个侗字,是宋朝大儒李侗,是朱子的老师,世称为延平先生。上面这个宗字,大约是由他的下一代而想出来的,比如齐如山丈就名宗康。

另一位吴鞠农丈,名敬修,河南固始人,是先祖甲午科的门生,年龄较父亲为大。因为祖父五十岁方生父亲,所以祖父的门生皆较他年长,在京城的时候,多有人称父亲为世叔或太世叔者。因为《左传》隐公元年有传说郑国共叔段"请京,使居之,谓之京城太叔",有些亲友就戏称父亲为"京城太叔"。固始吴氏在嘉道年间,科名极盛,当时与浙江的钱塘许氏齐名。这时许氏乃字辈出了五个翰林,浙江人称之为许氏五凤;同时固始吴氏其字辈亦出了五位翰林。当时有人作对联,以"浙江钱塘许乃"对"河南固始吴其",其盛况可以想见。在吴氏的五位翰林中,吴其濬是位状元,并且他是状元中有科学的著作的唯一人,他写了一部《植物名实图考》共八大函,一直到今天仍为研究植物学者必备之书。吴鞠农丈是他的嫡系子孙,他曾外放过学政,后来官至学部右参议。民国后在国立北平研究院担任一百元薪津的秘书,他工于书写及作对联,在北研院时,副院长李润章的一切应酬文字,皆出他之手。记得他在北京北池子的住宅大门上帖着一副他自己作的对联,文曰:"敢云大隐藏人海,且对青山读我书。"过路的人每每称赞其工巧。

到高阳以后大家就分手了。吴鞠农丈就回他的固始老家。田老先生回到青江浦,祁表兄也与他同行,先停止在徐州他的丈人段书云家里。因为他很有学问,到徐州后无人能与谈天,他的丈人就为他请了徐秀才来。徐对他很佩服,后来俩人就结为盟兄弟。徐就是后来赫赫一时的徐树铮。我们在高阳住了一时,后来就更南迁到曲阳,已如前文所述。我们住在赵老殿的新房子里,因为房子尚未完全盖成,在正房间中堆了无数的建筑材料,我们就利用他的房梁及自己的箱只凑成床铺,如是地渡过了一个夏天。旁人的衣服尚可以想办法,但是我一天比一天长大,不得不临时做新的。我现在还记得母亲给我做了两套小裤袿,是官纱做成的,我当时穿着甚为高兴。后来因为外国兵逐渐南下,我们也逐渐迁移到河南。因为先祖在咸丰间做过河南学政,门生甚多,事先他们就在开封的顺直八旗会馆给我们预备好了住处。我记得那是个楼房,中间院中似乎有个戏台,我们只坐着小轿穿行了一次,先祖的门生们并预备了盛宴款待我们,经父亲及叔父婉转辞谢,我们就在城中自己另寻找住处。住了不到一个月,就更南迁到离湖北不远的光州(即今潢川县),因为当时做知州的姓孙,是先祖的门生,他的老兄是进士,也是先祖的门生。大孙先生名葆田,号佩南,为山东名士,撰有文集,并曾编《山东通志》。他早年任安徽合肥县令,合肥李氏是个大族,他的子弟有很多不合法律的举动,佩南先生就将李文忠的侄子绳之以法,知府求情他亦不允,有强项令之名,因此遂辞官他去。我们到光州是投奔孙知州去的。

由高阳动身大部分是起早,除祖母坐着自己的大鞍车外,其余的家眷全雇的长行车,车上三面堆积着箱只,人就坐在箱只中间。有一次途中翻车,地点现在记不太清楚,大约是在黄河以南,只记得我突然同母亲皆翻坐在车棚子上,而跨在车沿上的老王妈见情形不好,就预先跳下了车去,幸免有被车压断腿的危险。祖母坐的大鞍车是由旧车夫"大车王"赶的,他本来是以前为先祖的换班轿夫赶大车的。因为当时轿夫共分两班,每班四人,一班抬轿,另一班人坐在大车上预先在换班处等候,换班后第一班轿夫就坐在车上,轿子就由第二班人抬。五叔沿路骑着一匹一只眼的马随在祖母的车旁,我们皆称这匹马叫"瞎老好"。

二、洋人扰乱京南的情形

在我们离开曲阳以后，曲阳先发生了溃散的中国军队过境之事。后来又有外国兵南下之说，教官衙门中原有训导及教谕两人，教谕姓马，在八月间即回家，九月初间外国兵有来曲阳的消息，所有绅民铺户以及各衙门眷属皆逃到乡间，城内街上几乎没有行人。九月二十八日探马来报，德国洋兵已抵下河镇，县令魏祖德二更时乘马出行，两天没有消息，绅民即纷纷议论说县令藉此逃走。至十月初一日晨绅民即请曲阳县各官赴公所议事。当时捕厅武营皆不知所往，只有训导李长生一人前来，大家遂推他暂时管理曲阳县事。李长生最初不肯，绅士们几乎要跪求，李长生遂答应暂兼。这时忽然又接县令来函说他已被洋人扣留，闻洋人有明日来县城之说，可先为搭棚预备迎接。下午一点多钟一个门斗跑来说洋人已到五野冈，有一牵牛者被洋人打伤，李长生听到就穿上靴子戴上官帽，至大街果见洋人乘马而来。因为李长生在京中见过洋人，所以就同他们举帽行握手礼，即让到书院公馆中，书院中所派家人书差练勇皆已逃走。送水出来，洋人先不敢喝，李长生遂取一碗先喝一口，洋人始肯喝，又比划着说要鸡、牛、梨、鸡蛋等物。这时间忽然杨润芳从大门进来，就嘱咐他到公所里取鸡牛等物。等了两三个钟头杨润芳回来，他说两次派人来没有人敢来送。李长生遂用洋布一块请洋官写一护照交杨润芳取物，后送来牛一头、鸡十只、梨数十个，洋官遂道谢乘马而去。

九月十五日又接下河来报，有法国马炮两大队亦来城，县令立即乘马去接，至午后洋兵进城。约有五六百人，马队统领及各军官并翻译皆住书院内，兵士皆分住各铺店及南关当铺。最后炮兵统领及韩翻译骑马来到书院，韩翻译大声告知县令："洋人嫌你领路领得不好，罚你一千两银，限三刻钟里缴到。"县令见炮队统领凶恶异常，并听见说，他在完县将知县打死，在唐县将知县迫疯，县令甚为恐慌，故韩翻译所要的银子，立刻当面允许。因为那时间天气甚冷，统领托代买皮袄，遂在当铺检出皮袄三件送他。第二天五点钟，县衙门的家人来叫李长生，说："我们的老爷昨夜被洋人拉去，现在关在南关当铺里，有洋兵把守不能进去，绅士们全没有主意，请你赶紧去救我们老爷。"于是李长生就到南关找韩翻译，韩翻译说他不知道，他就同李长生到当铺里，统领就接见李长生，李长生对统领说："昨天你为甚么对知县生气?!"统领就满面怒容说："同他要三十匹骡马，他为甚么不给我?"李长生就说："骡马三十匹是有的，但我所管的是学校的事，地方的事情归知县管理，必须将知县放出，骡马方能找来。"洋人就拿出表来，限三刻钟送到。李长生就答应了他。统领就令韩翻译同去,将县令放回。后来方知道县令为翻译骗去银子三千两,皮袄十件,尚不满意,故又领炮兵统领将县令拿去。下午县衙门的家人又来打李长生的门,说:"我家老爷又被洋人拉去,现在花店里。"李长生往花店,果然看见洋人拿着手枪向县长比划,县长不懂他的意思,只是摇头说不懂,洋人着急愈甚。看见李长生来了,洋人又向李长生比划,知道他想要风帽六顶、耳套二十副、皮袄两件、马鞍四套、绳套四副。李长生想到风帽对洋人的闪檐帽子并不合用,遂拿着皮帽给洋人比试,洋人就改要缠头绸子。李长生一一答应,并要求县长一同出去。洋人摇手,将县长推坐在椅子上,两个洋人持枪旁立。李长生即回到公所,同绅士们商量,搜罗洋人所要的东西。到十二点钟方将皮袄找到,耳套只找到十三副,李长生就送去,并比划着说:"其余耳帽七副及鞍子绳套明天六点钟一定送来。"第二天到公所,绅士们说老父台要弃官逃走,李长生赶紧往县衙门,县令承认欲逃往定州,已派人去租房子,经李长生苦劝,方才答应留着不走。

洋人马炮队欲往行唐县,因为河冻不能去又回到曲阳,仍旧在城内外分住。一日忽有绅士来报告洋人带来的苦力率领洋兵向各铺店要银子,不给就开枪。县长怕见统领,李长生就邀请韩翻译去见统领,洋人说保定府苦力不好,他们抢东西可拿棍子打他们。李长生就派练勇分站各街口,如有苦力入民宅铺户者即行拿获捆送公所。二刻钟的时间捕了八个人,将他们扒验,每人身上穿着男女衣裳十余件,其腰中有带妇人手饰的。绅士们特来请示办法,李长生问:"居民铺户有被抢的没有?"绅士们说:

"没有,衣裳皆自乡间抢来,再抢衣裳也不能穿,所以领洋人要银子。"李长生就说:"非杀他们不足以令他人警戒。"但没人敢执刀,李长生因令活埋他们,但只活埋了一个人。等到洋人走后,将其余苦力皆斩首示众。以后驻唐县的洋兵常常来曲阳,但是带路的苦力皆不敢入曲阳界。前后洋人来住曲阳者卅多次,后来人民即相安无事。

这时我们已经离开曲阳离开(以上故事根据李长生的报告,原文甚长,见《大陆杂志》廿六卷第四期附件:《庚子拳乱的一页直接史料》),在中秋节前我们就到了光州。记得在黄河以北遇见荣文忠禄率兵驻在那里,他同先祖是盟兄弟,听见我们在逃难,就派了若干兵士护送我们到河南边界。沿途常住在小店里,甚为简陋,屋里住人,墙上挖一个洞里外相通,晚上鸡也进屋里。天未明就起行,深有唐诗"鸡声茅店月"之感。

由光州重回北京

一、光州琐记

我们是旧历八月十五日以前到的光州，已如前所述。孙知州就拨了一所官房给我们住，临街是一列铺面，最初的房主人大约是一位开店铺的，后面有一条甚长的过道直到二门，二门里边方是住宅，当初想是店东家眷的住所。最前面的一进是三间的正厅，其中二间用作客厅，里面的一间作为书房。我就同五叔在那里认字号，后来又读《步天歌》，《步天歌》是《三才略》中的一种，《三才略》的另外两种是《括地略》和《读史论略》。后进三间我与母亲住在左手，祖母住在右手，中间是堂屋。再后尚有两进，最后的无人住，较前的是五叔婶与大妹效梅，二弟宗伟的住房，跨院尚有一长排房屋，是大伯母的住房，另有马棚及厨房等。大约这所房子是因为案子而被充公的，所以州官就派了一个地保住在邻街的铺面房子里。

记得在过年的时候，因为我们远处豫南，过年并没有像在北京一样热闹。我们将逃难携带的祖先神主供在客厅的当中，可是上供时连酒壶也没有，就拿我的一把玩的锡壶临时供用，这锡壶并且是缺了盖的。当时的凄凉情形可想而知。

在过年以后,父亲就动身往西安,西安是当时清帝行在的地方,因为当时的上谕除在北京有职守的官外一律到西安去,彼时父亲是刑部郎中,所以列入无职守的一类。父亲先到了武昌,往见张文襄公,因为文襄公是同光之间的清流人物,而当时先祖被大家看作清流之首的,且他与先祖交情至深;他又与先外曾祖张文达公是族兄弟,并且另外南皮张氏与我们本来有旧亲,所以父亲特地绕道前访,由湖北而转到陕西。在西安遇见的熟人就多了,只军机大臣中就有荣文忠禄与先祖是盟兄弟;王文勤文韶是先祖同年的进士,又是旧同事;鹿文端是我们的旧亲戚,瞿文慎鸿禨是先祖同治年间的门生。其余就不必说了。

在父亲走了以后,发生我们的族人同人看戏打架的故事。光州比曲阳城县大,所以曲阳县只有野台戏,而光州就有戏院,有固定的戏班。当时我的祖母同大伯母各带有丫头,还记得祖母的丫头叫小九,她们虽然没有怎么美貌,但是据外省人看起来总以为她们美貌无比。我们这位族人名叫李文明,因为他长我一辈,我就叫他明大爷。我们乡间有练习打拳的风气,李文明就是自幼练拳的。这天他领着两个丫头去看戏,戏院里有些无赖们对两个丫头颇有调戏的言词,丫头们哭了,李文明乃出而干涉,两不相让,结果打起架来。他虽然会拳脚,但因对方人多,他终被打伤而回。

在五叔动身北上以前,孙佩南先生曾来光州访其弟孙知州,盘桓些时。佩南先生在合肥做知县的故事前面已经提过,现在想补充的就是他是山东的大文学家,他的文体近于桐城派,但是我不知道他的授受源渊,只记得在北京时他常拿来五色笔圈点的《古文辞类纂》,五叔尚亲笔抄了一部,他著有《校经室文集》及《山东通志》。在先祖去世时他写过一篇祭文,是用苏东坡祭欧阳文忠的体裁写的,也收在他的文集中。他后来经张文襄保荐,清廷给了他四品京堂候补,至今提起荣成县孙先生,山东人没有不知道的。

四月中五叔亦先动身往北京。彼时李文忠在京与各国已商妥条约,但光州远处湖北河南之界,地又非交通大路,消息当然不甚灵通,五叔的北上是为的确知北方的情形,且为预备出国留学的计划。他走了以后,我们遇见光州城隍出巡,得以参观这个盛典。头几天就在街上展览"抬哥",这是在北京所未曾见过的。方法是用一个长的木抬,上边有若干小童,多约四五人,少的两个人,皆穿着戏衣,演出各种戏。人皆捆在架子上,使他们在表演的几天中,一些亦不能动转,饮食皆由他人帮助。在出巡的那一天,由人抬着在行列中行走。当时有地位的人家,妇女不便跕在街上看热闹,就将临街的铺面板门皆取下,由李文明用绳子将他们重新捆在门框上,使每扇板门与板门的中间有空隔存在,妇女们亦能由此看见出巡的盛典。这天热闹极了,看的人真可说是人山人海。除十余座抬哥外,更有玩叉玩刀的人,锣鼓喧天价响,许多还愿的人,有的一步一叩头,有的几步一叩头;有的赤着臂下悬铁钩,钩着香炉;手捧着香的人更不计其数,真可说举城若狂了!光州虽然生活便宜,一斤面只值制钱几文,但这一次出会的开销恐怕亦不少。

二、由水道北上

后来接得五叔来信,知道北京城内已经安静,我们亦于五月初北上。这次与来时不同,上次是由陆路而这次是由水路,由光州直达天津皆乘船。记得抵道口镇时正遇见水涨,船不能行,乃反舍舟而入城。时城已被水围困,我们是由船上下至城墙上方入城的。水围城而我们反入城,当时心中深以为奇。水行亦不是完全平安的,有一次似是在河南境中,水浅船不能行走,只好请人来推,水底尽是碎石,行其上全船摇动有声,状极危险。在山东入运河后,就平安直开北上。

在至天津以前在泊头小停。泊头为镇名,在南皮交河两县之间,而离南皮较近,镇则属交河管辖。外祖母刘太夫人来船上看视,并带来点心等食物。

再往北上就到了天津,我们住在鼓楼东路南姚宅。天津这时的情形已较战前大为改变,现在驻满了外国军队,将全区域划为若干租界,并将旧城墙拆去。在县城以外海河的西边由北往南是日租界、法租界、英租界、德租界,在海河以东天津人旧称为河东的,是意租界、奥租界及俄租界。美国则没有划租界区,他的军队驻在英租界里。当然我所说庚子后的租界,当初比较狭小,后来外国人越界筑马路,逐渐地扩充,方到了后来的形势。这种情形同上海的租界一样,比如上海的法租界,最早它的西界至吕班路为止,后来方屡次地扩充达到徐家汇。天津也约略如此。

鼓楼东姚宅的房子并未因战祸而受到损失,它一共五进房屋,大厅的跨院有三间屋子名为雨香亭,是先祖文正公幼时读书的地方。因为在道光十年,先本生曾祖贺县公要往广东去,先祖的舅父,家中人当时称为十舅太爷的,以为广东路远,不愿先祖方年十一岁就远行,就留他住在外家。十舅太爷名承丰,字玉农,是道光壬辰科举人,就亲自教先祖读书。先祖获益处甚大,所以对于姚宅的恩惠终身不忘。我们住在姚宅的后寝,我记得在玻璃窗以内有若干扇小木板窗,白天可以折起,夜晚放开以表示严紧。据姚五表叔品侯(名彤章)说,这是安徽的风俗,因为十舅太爷的父亲逢年公是位进士,曾任安徽徽州府知府,所以回天津后就模仿安徽的住宅盖了这所房子。

我们在天津住了三天就登上了往北京的火车,这是我头一次坐火车,我们坐的是花车,是由胡丈燏棻所特别预备的一节车厢,他是祖父晚年常接见的门生。他当时正会办山海关内外的铁路事宜,这种车厢是不卖票的。车是直达北京,在庚子以前清朝政府不许火车开进城去,只许到永定门外马家铺为止,马家铺大约在后来的永定门车站左近,我在庚子的头一年曾到那里去参观过,但是庚子联军进城以后,就将北京城墙拆了一段缺口,使火车能进到后来的东车站地方。北京除了前门城楼被义和团烧毁,另外大栅栏观音寺、廊房头条等处已被焚毁外,其余已无损失的痕迹。只是在前门及崇文门之间,划出东交民巷一带为使馆区,区中一切官衙及民房皆被取消,官衙如工部、翰林院等,私人住宅最著名的如徐桐住宅等皆是。外国人在这区内驻兵,并建筑防御工事成为一个独立的区域。我们到北京是旧历七月初一日,在外国人占据北京以后,将城内分为若干区,区各由一国管理,我们住的南城绳匠胡同(据说明朝因为严嵩住在附近,故改名为丞相胡同,后来在先祖的时代皆作绳匠胡同,民国以后又改回丞相胡同),这一区先归美国人管辖,据说管理的甚好。当我们留下看家的用人王福等颇有乘主人不在暗中窃盗物品的行为,因此美国人就将他们五个人的辫子剪去,以示惩戒。据说王福等每天晚上在偷东西,凡是母亲及五婶的陪嫁皮衣服皆被盗出一空。我们家最完备的没有损失的是书籍,另外有些贵重的木器被外国人拿去。《辛丑条约》订了以后,各国就召人来认领,各种样的上等或次等的家具,皆堆在先农坛里,领的人可以自己去认领,我们也派人去过,领来的都是次等货,上等货恐怕皆被人先领走了。

三、南皮富人的乡间生活

光绪廿八年我仍旧读《读史论略》。三月我又同母亲往南皮，贺旧历四月初八日外祖母六十生日，直到夏天末了方再回北京。来往由北京至天津乘京津火车，由天津至泊镇乘民船，泊镇至南皮县城乘骡车。外祖母家住在南皮县城内南街，离南门不远，张氏本是南皮望族，先外曾祖张文达公之万与他的族弟文襄公之洞皆是张氏贵系的一支，而在东门里住的一支是有钱而没有达官，可称为富系。我这次到南皮头一次领略富人的乡间生活，文达公的后人大约有上千顷的田地，东街的一支大约田地也不在少。他们之中有一位孀居的老太太，乡间人称她为秃三太太，因为她的丈夫小名叫"秃"行三，她有一个专有的戏班子，我就到她家看过戏。我外祖母生日的前两天为我的舅父龙媒先生（名元骧）先举行结婚礼，我那时头一次看见花轿，乡间的花轿既高且大，其华丽不亚于北京的，婚礼的前两天花轿就停在院中。洞房中奏起无数次的音乐，名为"响房"。婚礼以后晚上尚有闹新房的风俗，我就曾经参加过。由舅父的婚礼至外祖母的生日，这几天全在院中搭台演戏,舅父新房就是文达公生前的住房,在二门里的正院,房子在高台之上,戏台就搭在对面。外祖母反住在跨院,是旧有的仓房改建的,文正公少年时曾到过南皮,彼时这里尚是仓房。这年我年八岁,但已经甚有礼节,乡间人皆称我作"小大人"(人字读轻声)。我记得那时间堂姨夫沈金门(名学范),他的父亲沈恩嘉字鹿苹,曾做过军机章京达拉蜜,这是满文译音,意即章京领班,是先祖的门生,金门也来南皮为外祖母祝寿。他知道我读过《读史论略》,他就试验我,教我背一段,当然能背的烂熟,大为称赞。南皮的富人对外的应酬虽不太多,但是自己各房的应酬颇为频繁,比如当时外祖母是长房,另外三外祖母、四外祖各属一房,另外舅父结婚以后也算一房,凡是甲房来了客人住下,旁的房早晚皆要送四色点心,有客人住的这一房还要分发赏钱。以家族中各房的应酬来替了社会交际。

秋天外祖母来京为整理北池子的物件,稍住仍旧回南皮。冬天五叔始往法国。家中为我请了一位先生,姓丁名宝铨,在北京邮政局做事。我开始读《孝经》,及从丁先生学习英文,但是第二年因请不到英文先生,只学了四个月就停止了。所以我小的时候对于英文等于没有学。

五大臣出洋与北京第一颗炸弹

一、点阅儿女英雄传

光绪二十九年癸卯，春间我患疹甚厉，请李新甫（德铭）先生诊治。李先生精于中医，昔年先祖病中风时，为医治的医生甚众，处方服用最多者，当推两位李大夫，一为李葆初（曰谦），另一位即先生。因为至熟，他住在虎坊桥路北，距舍间不算太远，所以家中人有病常请他。每逢年节，送他节敬，不是每次诊病送车马钱。这次病似由父亲病起，既而传给我，母亲是我传给的，其中以母亲所患最重。由现在想起来，这次所患的不是疹子而是猩红热，所以痛苦万分。母亲有一天热度甚高，甚至两眼发黑，因此祖母甚着急，发电报给南皮外祖母刘太夫人，外祖母就兼程来京，住了些时，看见母亲痊愈方回。

自去年年底丁宝铨先生走以后，父亲就想为我请一位先生，既能教中国旧书，又能教英文，两者能兼者一时颇不易找到，而又遇见我春天病了一场，所以迟至秋冬之际方请了赵先生来。在赵先生来以前，父亲就命我点阅《儿女英雄传》。这是文铁仙（康）写的。他是满洲镶红旗人，上代做过大官，与道咸间的大学士文文端（文庆）是从堂兄弟。我用来圈点的是聚珍堂的木活字本。聚珍堂是北京隆福寺东头路南的一家书肆，光绪年间专用木活字印小说，我曾见过他印的《红楼梦》及《三侠五义》，这家书铺至抗战前尚存。后来石印的《儿女英雄传》皆加有圈点，所以父亲特选聚珍堂本，就是因为为我圈点的方便。圈点有错时，父亲就给我改正。齐禊亭太夫子那时住在东城镇江胡同，常常出城来舍间小住，来时就常给我改圈点。现在尚记得他在书眉上所批的："纪，年也；《礼记》：犬曰献羹；唐，尧也。所谓纪献唐者，年羹尧也。纪望唐者，著《视学》五书之年希尧也。"韩缄古（德铭）先生，高阳维新名士，时在北京，亦偶来舍间为校正。《儿女英雄传》是我所阅的第一种说部书，其兴趣当然较读《论语》为高，他并且帮助我的作文进步不少。记此以见儿时所受的教育与当时其他的小儿不同，比如寻常多读《三字经》、《百家姓》、《千字文》，而我未曾读过，叔父所授者为《步天歌》、《拓地志》、《读史论略》。《儿女英雄传》人皆认为闲书，而父亲以之为课本。

二、为礼教而致死的姨母

外祖张同叔先生共生一男二女，男奎正，为元配戈夫人所生。戈夫人于太平天国扰乱畿南时，在南皮自尽，续娶刘夫人，是文达公的外甥女，与外祖父为表兄妹。奎正舅父能画丹青，可惜年十八岁就病故。外祖母刘太夫人只生二女，就是母亲同二姨。二姨在庚子以前适李文忠的长孙李国杰字伟侯，张幼樵佩纶在其《涧于日记》常称之"伟郎"者即是。李文忠共生二子，长经述，字仲彭；次经迈，字季高。在文忠未生子以前，先以其侄为子，即李经方字伯行。经方习英文，对外人交涉，文忠颇倚仗他，亦深为言官所众恶，尤其他亲自指挥割台湾及赞助与俄人定立密约各事为人所痛骂。

在光绪二十七年九月文忠去世不久，经述亦卒，于是伟侯遂袭侯爵。但题目所说的悲剧也就发生于二十八年七月。这时外叔祖张兰圃先生（瑞荫）接到伟侯来电报报告二姨因霍乱病故。直到卅二年李府全家迁居北京铁狮子胡同，二姨旧用的女仆方将事实的真相告诉给母亲，可是外祖母去世前始终不知道这悲剧的真相。但是真相到底如何呢？实情如下：光绪廿八年，在李伟侯孝服未满的时候，忽然发现二姨有孕了。伟侯的母亲脾气甚大，家人皆怕她，要被她知道，伟侯夫妇俩必受责骂。并且若传到外人耳中，必招来批评，使伟侯面子难堪，于是他就鼓励他的夫人打胎。姨母为要她的丈夫不至受到难堪，亦就听从其办法。据说最初尚为顺利，但忽然伟侯的姑母来看她，她起床招待，因此病发生变化，至于不起，这真是受礼教影响的悲剧。母亲因恐外祖母悲感，遂往南皮安慰她，我侍行，记得有刘养泉（学浩）表舅同行。

写到此处，忽然想起王筱航同类的故事。关于筱航与戊戌变法的敢言已见前，兹不重述。王氏兄弟三人，筱航居中，他与其三弟共租一屋，凡三间，弟兄各住一间，中为堂屋。某年，他们丁忧，而其弟妇有孕，筱航就大骂他的弟弟，责以大义，弟弟当然不敢回言。不料过了不久，他的夫人亦有了孕，他弟弟虽然不敢责骂他，但不免怒形于色，筱航看出，遂迁怒于其夫人，加以痛打，其夫人因此即病而死。王筱航亦后悔起来，停其棺于堂屋，久不葬，弟兄二人共住三间房，因此他的弟弟深感不便，弟兄感情愈不和谐。我记此以表示当时礼教入人之深，虽敢言新政之王照，亦不能脱其缚束至于此极！

冬回家中，为我请来一位赵先生，他的名字现在全忘了，由于他常有一位友人来看他，他是保定师范学校毕业的白之江，因此觉得他们是同学。去年从丁先生读书时，因为只有我一个学生，就在客厅的西里间，今年不同，有袁氏二位附学，就改以客厅跨院小书房三间为读书处。袁氏堂兄弟,长同礼,字守和,次敦礼,字子仁,直隶肃宁人。他们的祖父袁绳武先生曾在山西任知府,是先伯父仙洲先生(名兆瀛)的岳父,所以守和等称我为大叔。守和后任国立北平图书馆馆长,现在美京国会图书馆,子仁于抗战胜利后任北平师大校长。我们从赵先生读《朱子小学集注》及《论语》。

三、畿辅小学堂

　　过年我年十岁，在畿辅小学堂从王先生读。王先生直隶肃宁人，现已不记得他的名号，只知他是保定两级师范毕业生。是时父叔受张文襄《劝学篇》及严范孙（修）的影响，方致力于教育事业，在高阳则与同乡知识分子齐禊亭、韩缄古、王励斋（法勤）、李子久诸人创办高阳小学堂，在北京则与顺直八旗等人创办畿辅小学堂。学堂设在南横街路南，与绳匠胡同南口儿相对，房屋共二层院落，为刘寿夫的产业，开了后门正面对着南下洼。这时校中共设五班，我们属于末班，因为校址不足用，所以与父亲商量借用舍间的书房。同班共三十余人，年龄不匀，除去年附学之袁氏弟兄外，现在记忆的尚有常某，饶阳人，常济川先生之子，济川为吴挚甫（汝纶）的高足，遗憾的是我将常同学的名号已完全忘记；另外两位是田光藻及田德藻，皆是上文所提过的田桂舫先生之子。常与二田皆已廿岁，我及守和等则不过十来岁的儿童，初办学校时年龄之悬殊大都皆如是。

　　我们有时亦往南横街总校中玩耍。最初主持校务者为书纪

年（书元）先生，他是直隶易州的旗人，曾在易州书院读书，是齐
禊亭先生的学生。第二任是陈凤韶（赓虞）先生，他是安州人，光
绪癸未状元陈冕的族人，状元的孙子亦在我们这一班上课。其
中还有两位沈君，他家是书办出身，前清书办地位虽低，但其政
权反倒高过官员，比如吏部文选司及兵部武选司的书办，对于选
政知道的最清楚，官员们尚须请教他们，他们当然能上下其手。
并且书办是世袭的，在原则上一个书办可能他的祖先在明朝就
做过这行业，有的有时中绝，他可以将这缺卖给外人，与官员们
的新陈代谢不同，所以京城里书办反较官员有钱亦有势。我以
前在故宫博物院的时候，曾调查各部的旧档，预备将他们无用的
集中保管，但结果只清末所新设的衙门保有的多半整齐，以邮传
部的（后归交通部）为最。至于旧衙门如吏部等，档案皆无从踪
迹，只总理各国事务衙门档案为外务部所接收，再传之于外交
部。我曾至外交部档案保管库中参观，见公文经堂官改正后，重
抄成清本，分年月列入架上，其情形与军机处者相似，不像民国
习惯以改正本不重抄就入档，清代各部大概皆如此。后来同当
时司法部长魏伯聪（道明）先生相商，他答应将旧刑部档八十六
箱移交故宫博物院文献馆，即后来南迁者。至于无可追寻的各
部旧档，听说有一部分在书办的手中，因为平常就由他们经手
的。记此以见书办势力之一斑。京官尤比外官穷，外官自雍正
以后，化私弊为公，有养廉制度，据陈小石（夔龙）的笔记中说，他
在总督任内每月可以得养廉三万两。京官，尤其自五品官以下，
多依仗"印结"。自捐官新例实行以后，凡捐官者普须由其同乡

京官为出盖印的保结，证明他的籍贯属实，这笔费用由该部同乡京官共分。各部不同，所分的数目亦多寡不一，多者至百余两，少者至几两。另外仰仗生活的俸米，视官之大小而数目不同。我的家虽是北方人，有吃面食的习惯，但自祖父以来，每月皆领有俸米，变成多吃饭少吃面的人家。而我又是喜欢吃面的，所以常在书房陪着老师吃中饭，因为照定例老师每周有两天吃面。这年我年十岁，从王先生读《孟子》，习算术。同班间读的书不一样，年长者有的读《左传》，而常君特别加读《春秋》。这年我将《儿女英雄传》点阅完，又开始阅《三国志演义》。

四、五大臣出洋及吴樾的炸弹

光绪三十一年即一九○五年,这年是中国近代史的一个重要纪念,是炸弹初次在都城响起。这年我十一岁,仍在畿辅小学读书。这年请的是李鲁乔先生,盐山人,其父国学亦甚好,先生承其家学,工诗词,然思想甚新,喜阅新翻的书籍,于各科教科书外兼为我们讲解《马氏文通》,并令高材生阅《清稗史》,更为讲解其中《万古愁曲》等。余之有革命思想实受自李先生,而所从受业诸先生中,学问思想当以他为最。李先生在京师辇毂之下的小学校中敢公开的讲解排满书籍而无人敢过问,由今思之,讲者可谓勇气过人,彼清政府可谓愦愦无用,不久辛亥革命就成功,谁曰不宜?七月,因美国华侨事反对美国货,我们亦出钱印发传单。

先是是年五月清廷命载泽、戴鸿慈、徐世昌、端方往各国考察政治,后又加派绍英为出洋考察政治大臣,这就是中国近代史所谓五大臣。这件事在表面看来,似乎清政府颇有立宪的诚意,但若知其内幕,只是由于军机中的内争而起,或者简单的说起来,是其中的庆亲王奕劻与瞿子玖丈鸿禨的暗斗。在军机中,奕劻专政,受贿巨万,子玖不太听他的话,所以对子玖极不满,必欲去之而后快,乃商于袁慰亭世凯,中间奔走者是徐菊人丈世昌。于是袁徐商妥为预备立宪,必须先派大员往各国考察其立宪的方法以为根据,目的所派大员中有瞿子玖,以便借题目挤他出军机。当时子玖兼外务部尚书,自辛丑以后就办理外交,所以派他去是顺理成章的。这种意见由徐菊人在军机中提出,奕劻已先说妥,当然赞同,但子玖亦心知其用意在于排挤他,就说:吾老了,不能远涉重洋,这当由年轻的人去做。徐菊人既提出这意见,而在军机中又最年轻,不得不告奋勇请行,这就是五大臣出洋的内幕,清廷又何尝存立宪的诚意! 所以到光绪三十二年载泽等回国奏上考察情形,就下了一道不关痛痒的上谕,末尾说:"预备立宪基础,内外臣工切实振兴。俟数年后规模粗具,参用各国成法,再定期限实行。"说再定期限不过是一拖字而已。这节内幕是当时我这小孩子不能知道的,但父亲则知道的甚清楚,因为他与袁徐及瞿两方面皆甚有关系。袁慰亭的嗣父袁保庆是先祖河南学政任内的门生,慰亭是小门生,父亲在小站练兵处挂名,每月领四十两津贴,这笔钱在父亲出国的时期,袁尚按月派人送给祖母,这是我当时亲眼看见的。至于徐,他是先祖丙戌科的门生,又与父亲是盟兄弟。至于瞿子玖,是先祖同治甲戌任教习庶吉士的门生,他与张文达百熙皆是湖南门人中最受赏识者(瞿是同治十年进士,而张是同治十三年进士)。他们俩在先祖病中来看最勤,成为当时的医药顾问。有这些种关系,所以父亲对两方面的相互情形皆所熟知,并且他自幼记忆力极强,到六十岁时,我每问一件故事,有时他立刻就能回答出年月,甚而日期也可以记得;有时需要等候五至十分钟,他即能回答正确的年月。五大臣出洋的内幕是在我留欧回后,他告诉我的,那时他方将过五十岁,所说不会有错误。他早就想出洋一行,这次是一个好机会,由菊人丈奏调他为随员。后来徐未成行,改为李木斋丈盛铎的随员,木斋亦是先祖的门生。到了英国以后,就由驻英钦差汪伯唐(大燮)奏留英馆,归后保奏为花翎二品衔,这时他已任邮传部左丞。

话再说回来,就在三十一年旧历八月二十六日,五大臣起身出京,本来随员当同行,因这天恰是祖母五十一岁生日,就与长官通融好,这一天只往车站送行,而于次日单独往津,再同上船往沪。这天中午家人方在吃面时,忽然听见一声巨响。不久父亲自车站回家,方知是有人刺五大臣,弹响即此。第二天消息见于报章,说绍越千(绍英)受伤,而刺客当场炸死,他的名字似乎是吴樾,有的报上说他名吴越,住在安徽某一会馆。又过了两天,父亲买回吴樾的两张照片,是照像馆着乞丐扶着他照的,两腿皆炸失,其中之一就是党史会所存,《革命文献》所翻印的那一个。对于当时的情形,我听说的甚清楚,这是徐菊人的仆人王四说的。他本来是南皮张氏的仆人,大约是南皮同乡,后来由父亲介绍给徐家。因为不忘我家的好处,每年必来在祖母及母亲的窗外面叩头拜年,祖母必赏给几吊京钱,他亦必接受退到门房中转赏给我家的门房,那时徐丈已给他捐了六品顶戴,加以徐宅门包的收入，每月亦算不少了，他那里将几吊京钱看在眼中！那天王四亦站在车上，因为清朝除皇帝出行戒严外，京官素无戒严的办法，所以入站台者不禁，上车者人亦甚多。王四看见身边的那个人面目不熟，就用手推他下车，不料正推在吴樾腰中的炸弹上，遂即炸响，绍英受伤，王四受伤较重，而吴樾当场被炸死，这是北京第一次听见炸弹的响声。五大臣中有受伤者，遂暂缓动身。又因为京师安全起见，创设巡警部，而以徐世昌为尚书，此九月十一日事。于是改派尚其亨以代绍英，李盛铎以代徐世昌，仍为五大臣，于十一月出洋。庆王对子玖丈的怨恨终未解，至光绪卅三年五月，庆王令御史奏参瞿与报馆交通，泄露机密，谕退出军机。

是年十二月，四弟惠季（宗侨）生，是日方大雪，请名于祖母，祖母说雪景甚美，因名他为景官。我们兄弟是大排行，堂弟宗伟行二，所以他行四。他小我十岁，后来亦在天津南开中学读书，至十八岁时，因患肺炎为中医所误，那时我方在欧洲。后在北京，一次南开同学公宴张伯苓校长，张先生尚谈及惠季，喜其聪颖而感叹其没，为之叹息。

从家塾到南开中学

一、家塾

光绪三十二年夏天外祖母来京，我到前门东车站去接，这是我头一次坐马车。这部马车是我的姨夫李伟侯的。这时北京方才时兴马车，我们家里还没有。这以后我就到北池子去住，这是外曾祖张文达公旧住的地方，在北池子北头路东，比骑河楼略北。在张府的院子里可以听到骑河楼街上卖东西的喊叫声，这座宅第间数虽不比绳匠胡同舍间的住宅少，但是木料却不如舍间的好。到了民国初年张府已经没有人在北京住，就将宅第卖给了王怀庆，但是到了北伐以后就不知道又归何人所有了。这所房子，分为前后两部分，前部分即靠南边的部分，原归文达公自住；后部分即靠北面的部分，原归外叔祖张兰圃（瑞荫）先生所住。后来卖给王怀庆是前部分，后部分在清代曾租给徐菊人（世昌）丈，他认为这房子甚吉利，因为他住了这房子以后，就由翰林院编修逐渐地升到协办大学士，所以一直到民国以后他才肯搬家。后来由吴菊农（敬修）丈接着住，以后也就由他留置。

暑假后始回到绳匠胡同，这时畿辅小学堂已经他迁，在我家设班的办法已经取消，于是家中就聘请谢向臣（恩荣）先生来教读。他是束鹿人，秀才，保定高级师范毕业生。书房先是设在后院新建的洋厅，附读者共十余人，现在尚记得姓名的只有：林志轼、刘式恪及王荫泰的弟弟王荫霖三人而已。王荫泰是在日本读书的，后来在伪组织时代汪克敏手下做过外交部长，他们的父亲王式通以作四六文著名，我那时读《毛诗》、《左传》。束鹿谢氏是个大姓，后来我在上海三马路墨店里见有一块墨上面刻有"束鹿梅村谢氏藏墨"，大约是谢先生的一族。

第二年光绪三十三年仍旧从谢先生读书，但已经没有附读的同学，只有我及奇甫叔陶两弟，就回到西跨院小书房，除读《尚书》、《左传》外，兼读《古文辞类纂》。夏天父亲自英国回来，他教我阅读《史记》，用的是史汉评林本，《史汉评林》是明朝刻的书，但我所读的是清朝翻刻本。这刻本与旁的不同，正文外刻有圈点，便于初学之用。父亲命我先读本纪及列传，因为志难读，而表根本不用读是专备翻阅的。

光绪三十四年十四岁，阅林春溥《竹柏山房十五种》，非常的喜欢，尤注意其中的古史纪年，当时见闻不广，没有发生疑古的思想，以为是真实的古史。又在《粤雅堂丛书》中得读《汉学师承记》，是清代江藩所撰著，由此始知道考据的门径，尤服膺阎百诗（若璩）先生之渊博精深，亦仿他的意思请吴菊农丈为书："一物不知以为深耻，遭人而问少有宁日"一联，挂在书房的墙壁上，以事景仰阎先生的意思。这一联原是百诗先生所集的，我生平之有历史癖，是由《竹柏山房》启发的，平生有考据癖是由《汉学师承记》启发的。这一年我所读的书甚多，但与谢先生所学的甚少。实在说起来谢先生的学问并不高明，他的旧学既不甚好，新学问也只有几本保定优等师范的讲义。讲起经书来只能依照注解敷衍，恐怕他自己亦未能明白。我虽然未像《儿女英雄传》中纪献唐之对其业师那班的为难，但也实在对他不甚满意。家中原富有藏书，遂引起我常翻书架自寻读物，林春溥、江藩两书皆如此阅览到的。但亦因此使我养成一种习惯，就是喜欢自己研究，而不愿听先生讲书，因为先生实在讲不出什么道理来。是年仍读《古文辞类纂》以外，并圈点《管子》等书。

秋天外祖母专为治眼睛来京。因为自前年姨母去世后，外祖母想念她，常在夜间无人时自己哭泣，因此目渐失明，在乡间治不好就到京城来医治。我又常到北池子去。是年冬十月清德宗及孝钦后先后崩逝。有一天我往北池子去，路过东华门看见门中出来坐马车的皆反穿着羊皮褂子，于是我知道宫中发生了问题。后来在出殡那天，就将清德宗的金棺由乾清宫经东华门绕道北池子抬往景山，这称为奉移典礼。我在头一天就住在北池子，当天的早晨我们就站到临街房间里的桌子上，从窗板的缝隙中向外窥看，因为当时街上禁止行人。北池子的房屋临街多半有一排甚高的小窗户，外边有木板，平日开着，到了这种大典的时候必须关上，所以人们只能从木板缝隙中向外窥看。在金棺前行走着无数的官吏，接着是一队队骆驼及马，皆驼着德宗的用器及衣服以备焚烧。这个大典礼在路上行走了几个钟头，方才到了景山的观德殿。在那里再停放若干时间，方再移送到西陵的梁格庄,等到崇陵修好以后方才下葬。崇陵就是德宗的陵墓。

这年另有两件小事可以记载的,第一是我曾到东长安街平安电影院,这是我生平第一次看电影。电影院是用席棚搭盖的,分楼上楼下两层,看的人多半是外国人。第二是三贝子花园这年开幕,我们也曾去逛过,在西直门外,又称为万牲园。我记得我们坐的是马车,但是父亲一个人独自坐那时北京刚有的人力车,这种车只有北京六国饭店有,一共只二十辆。

第二年春天,外祖母的目疾并未治愈,就回南皮去了。我这年名为从谢先生读,但是我一半自修,一半与齐太夫子通信请教,这些信我来台湾前在天津时尚保存着十余封,而今已无可究诘。记得有一封中齐太夫子批曰:“读书得间,精力过人”等语。这时我方翻阅《皇清经解》及阮刻《十三经注疏》。齐太夫子虽然在信中对我甚为奖励,但事实上并不以为然,他曾对我说,以子之能力,当学习声光化电(即彼时所谓科学),不宜专研究古书。当时维新人物的思想大都如此。

是年,叔陶弟忽患抽疯,眼睛已经翻上去,我在他旁边床上大哭。家人正不知所措间,有人介绍薛小刀的灵药。他的铺子在北京杨梅竹斜街,正名雅观斋,祖传秘方,买来一试,果然有效,不久遂愈,后来吾家常备此药。

二、南开中学与严范孙先生

是年夏，五叔为豆腐公司增招股本事，又回国。原意欲招我往法，但以我自幼时从丁宝铨先生略学英文以后，至今未再习外国语文，又恐我年幼远出，家人不能放心无虑，故不敢直言往法，且先劝父亲准我入天津南开中学，以为日后出国之预备。其实自去年五叔婶往法时，表兄祁君月之子祁彦孺（字公慕）偕行，行前曾来舍间向伯母等人告辞，我当时看见甚为欣羡，他走后我曾返室大哭，可见我蓄志出国已久。此事母亲知之而父叔皆不知道。五叔作事最喜绕圈子，不喜直道而行，对于我之出国计划亦如此。当时我并不明白，后来追随五叔日久，始知其处事每每如此。于是我就于九月随往天津，先住鼓楼东路南姚宅。住两夜，方往西门外严侍郎胡同路北严宅，谒见严范孙丈（修）。范孙丈光绪九年癸未翰林，曾任贵州学政，仕至学部左侍郎，为先祖的朝殿门生。庚子以后，他在直隶办教育极有名声。先在家中设塾专收友人子弟，授中英文各种功课，后变为师范班，陶孟和（履恭）及范孙丈之侄约敏兄（智惺）即此班之毕业生。后敬业家塾渐扩充为南开中学,而范孙丈徐菊人丈及天津富商王某皆为董事发起人,校长则由家塾之原任教员张伯苓(寿春)担任。至严宅后先见范孙丈于其书房蟫香书画室,并晤严约敏兄,他正在南开教数学。是晚遂宿于严氏画室,次日往南开中学见张伯苓校长,并参观各教室宿舍。清朝学制在寒假后开学,故学校早已上课,我已经迟来,遂暂入其己班,即第七班。每天课毕仍回严宅住宿。当时共有七班,由甲班数起,已毕业者除师范班外,尚有第一班。这时教室及办公大楼、大礼堂外,只有一排宿舍称为南斋。住宿生不足一半,余皆走读,我因为等于未学英文,所以赶不上班,单为我请范莲青先生在课后补习英文,其余功课如国文、算术皆优为之,不感觉一点困难。国文教员姓魏,兼任文牍,所发讲义除《古文观止》中所选出的若干篇古文外,并选有《秋水轩尺牍》,四六文字可选者甚多,不知何以专择这种低级者! 足证南开国文程度的标准不深,至少在我读南开的时代如此。教英文者是周濂西先生,与范莲青皆是第一班的毕业生,他们这一班大约只有二十余人。彼时教职员数皆不多,教务长是时子周先生,时先生现仍在台湾,年已八十余岁。有时张校长出国就由他代理校长。张校长隔若干日常招集全体学生在饭厅训话,饭厅虽然不大,听讲的人仍不能挤满,足证南开学生不甚多。张校长不在的时候就由时先生代为讲演,亦同样的受学生欢迎。南开中学的学费每月三元,饭费五元,宿费一元。我只午饭在校中吃,所以只缴二元五角,晚饭在严宅吃。学校是师生共食,有的桌上有六位学生、一位先生。

严宅二门对面为大客厅,凡会客及宴会皆在此。两侧东厢房里间为账房,外间为范孙丈书房,西厢房为小客厅。客厅之东院为范孙丈令兄之故居,现其嫂夫人及舍侄约敏兄仍住于此,有书房曰枣香书画室。西院房屋较多,为范孙丈及其诸子所居。丈共有五子:长智崇字约冲;次智怡字次约;再次字叔约,极聪颖,早卒,丈为他刊有幼年文集;五智锺字季约,留日得医学博士,现任国立台大学教授;七智开字季冲,最幼,留日得美术学士。我与次约及季冲皆甚熟,约冲与季约当时皆在日本,民国二年夏约冲侍范孙丈往巴黎,方相识;季约兄则于民国十余年始相遇于北京。

范孙丈每早八钟必至书房接见客人或写书信,下午有时为人写对联或条幅。午晚饭在账房与大家共餐,其中包括其表弟王君及我,与管账诸君。晚饭后始归西院。丈视我如子侄,我住在客厅西跨院之蟫香书画室,我喜晚睡,夜晚丈入内寝时,必经过书房门前,我若未睡尚有电灯光,必在窗外呼曰:“天已经不早,还不睡觉吗?”我就急忙息灯就寝。丈待我的恩厚,至今每思及仍旧感激,永不能忘!书房共二间无隔断,我住里面一间,外间四壁书架,我初次看阅《考信录》,此第一部疑古派著作。丈原来藏书甚多,后多捐入天津图书馆。有一天我谈起王鸣盛的《蛾术编》(蛾读如蚁),我家中无此书,丈说他有,但已捐入天津图书馆,他就率我往河北公园图书馆中阅览此书,乘他的自备马车,在馆中坐了半天。这书当时价已甚贵,后来在民国十八年左右,我在北平琉璃厂中间直隶书房买了一批陶湘的书,内中有阎百诗注《困学纪闻》及百诗先生所著各书,亦有此书在内,皆白纸本,陶湘是以专收白纸初印本著名的,即以此书而论,我即付银元八十余元。王氏此书盖仿顾亭林《日知录》,精确远不如。严季冲兄亦读于南开,他与我同岁,在丁班,他住堂(当时称寄宿为住堂),每周六回家,与他的族兄临时支床同我住在书房,周日早必买早点请他们同吃,因严宅供给我食宿,心中甚感不安,故以此略为报谢。其族兄名智祚,是无锡人,家中在上海开纱厂,范孙丈原籍无锡后迁天津者。

这年同班共三十余人,现在能记忆的只有孙荣方,孙毓筠之子,安徽人;另有袁守和之兄袁复礼字希渊,在丙班;华璧臣丈世奎之子华秩昭,为范丈之长婿,在甲班。又在台一次张晓峰先生宴会中遇见查勉仲(良钊)及英千里二兄,始忆及是己班旧同学。寒假前大考及格,能升班。

是年尚有三事可记者,一是冬天我被传染白喉,声哑不能说话,经严宅为请医注射血清,疾一周余方痊愈。第二是年底东北发生鼠疫,天津设防疫注射所,我亦往注射。第三是加速立宪运动。上文已经说及五大臣出洋考查宪政的经过及清廷对立宪之无诚意,他所用的只是一个拖字。但是人民的知识天天增加,长久的骗也是终久不成的。所以自宣统元年起,各省请愿之风甚盛,这年冬天为请求立宪提前事,各校曾经实行罢课,有津人温某曾在西马路讲演所讲演,言辞甚为激烈,我亦曾与严季冲往签名入听。后来温某代表入京被清政府发往新疆。

次年即辛亥革命的那年,我移住南开饭厅楼上宿舍。本来楼上全是宿舍，今年因学生增加，教室不敷用，只留下两间宿舍，余改为两间大教室，这宿舍名为北斋。同屋中尚记忆的有二位邓君，皆是广东人，其家在法租界长发栈对面开店铺，离平安里不远，我曾到他家去过。我这年在校中吃饭，早点为烧饼馃子及稀饭，由饭厅工友零卖。（北方所谓馃子即台湾所谓油条，这是上海方言传来的。）北方油条以通州者为最，这是数年前齐如山丈当着我的面向杨联陞先生说的。说起如山使我想起其尊翁禊亭先生的事。去年住在严宅的时候接到齐太夫子的一封信，大意说儿等说他们已能养我，我决定辞这个每天必须不说实话的官，儿等为我在南苑买了些田，即将归耕。今撰一联，请你就近请范老为写之。我立刻为转求范丈，过了几天就为裱好送来。联曰："秋水一方人宛在，黄花三径客归来。"并题禊亭同年撰句属书。范丈是癸未翰林，齐老先生是壬辰进士，恐怕是乡试同年罢。

在北斋住了不久，就又搬回南斋，因为季冲的族兄无锡严智祚说他的房间有一张空铺，劝我搬去，这里都是高级班的同学。共有五个铺位，暑假后仍住这间房。在旧历七月初又回北京，为伯母六十整寿，在家中请来恩筱峰一班女戏子，在住宅院中临时搭台演戏；晚间在后面客厅中演相声。这时校中编了一话剧，由教职员先行预演，我看了预演方才回京，那天范孙丈亦来校坐看。至于正式上演则由学生，这时我正回京，未得观看。现在剧名已不复记忆，只知内容以一个大家庭代表中国，家庭甚为腐败，又常为邻居欺辱，且有人霸占他的故居的田宅。后来他的儿子,入武备学堂,重兴家声。大部分出自严约敏兄的笔墨。

　　父亲由英国回来后,就由刑部郎中调任京师高等检察厅厅长,彼时徐季龙(谦)任京师高等审判厅厅长。(按郎中是正五品,厅长是正四品,这官是新设立,父亲是首任厅长。)及邮传部成立,父亲又调任左丞,丞是正三品。至宣统二年,徐菊人丈为邮传部尚书,四月左侍郎汪大燮以左侍郎外放驻日钦差,所遗左侍郎一职由菊人丈及汪伯唐保父亲署理。时李文忠之子李经方正在英国做钦差,得信就派人以巨款运动庆王,庆王素来招权纳贿,就发表了他为邮部左侍,而在他未来以前,由沈云霈署理,父亲仍回原任。不久徐菊人丈亦专任大学士,而以唐绍仪任邮传部尚书。但上任不久亦辞职,原因甚为简单,他想将邮部七堂,即尚书、左右侍郎、左右丞、左右参议,皆调为广东人。他对庆王建议,但奕劻说就是他敢奏上,恐怕亦难得太后的批准,若太后问何以皆用广东人,他亦无法回答。因此唐一怒而辞职。

辛亥革命与民元往法国

一、仍回南开

在我回北京以前，母亲曾回南皮，路过天津，住在新车站旁一家客栈。我乘电车至金钢桥，然后经全段大经路（天津河北直路名，其余横路名以千字文名之，如天纬路等），步行至新车站，半天方寻到这家客栈；我一向身体弱易病，这天天气既冷，步行的路程又长，晚上就发起寒热来。母亲为我的病就延缓动身一天，但我仍旧未愈，只好由我族兄李子久接我到河北天津公园内直隶自治局去住。子久由曲阳教官后，又任顺天府学的训导。他的高祖庄渠公（幽图）亦曾在乾隆年间做过同样的官，子久曾指着府学大堂上的匾给我看，祖孙于一百余年间同官，可谓巧合。以后他又转任自治局委员。他们与谘议局委员在当时皆代表民意，记得子久曾与谷钟秀、孙洪伊等代表为津浦铁路事入京向清政府请愿，可见民权已逐渐发扬起来。我在自治局子久房中养病一星期，亦就痊愈，仍回南开去住。

我再回到学校中不久，武汉同盟会起义，于是全国皆浮动起来，各省分着响应，是时五叔婶已先返国。五叔在天津组织京津同盟会，由汪精卫任会长，五叔为副，汪在狱中时，由五叔暂代会长。最初并无人接济，全由自己筹款。在法租界租得一所房子为秘密办公处所，开支尚是向阎凤阁借来的。阎君是高阳同乡，当时任直隶谘议局议长。记此以见当时的民意机关大多数早已倾向同盟会。武汉起义以后，五叔就建议全家搬往天津，遂租了法租界平安里十四号房屋，在海河岸旁，法文名七月十四号路（Rue de 14 Juillet），共两楼两底楼房二所半，一所由我们住，另外一所半由吴仲怡丈（重熹）住。仲怡丈山东海丰人，是祖父的门生，并有旧亲，曾任河南陈州府十余年，后仕至河南巡抚。他是北京当时所称"四大佥"中的人物。他的侄子吴峋较他的年龄为长，后任御史。其余三位为张佩纶，其侄张人骏，清末仕至两江总督；孙毓汶，其侄孙楫，仕至顺天府尹；孙家鼐，其侄孙某之名忘记。四人的侄子皆与他们同是进士，而皆年长于他们。（四人中只孙家鼐之侄及吴峋皆是进士，其余叔侄皆是翰林。）仲怡丈之季子名吴鬺，字稼生，善写金文，吴氏所刊其祖父吴式芬侍郎所著之《攈古录》中之钟鼎文皆他所摹写。稼生任广州河泊所大使多年，官虽甚低（未入流。按清代官制，未入流是低于从九品，意思说他无品级），但收入极丰，有人说每月可得八万两。现退老与其父闲居天津。

家中人皆先往津，因南开停课，所以我与父叔及婶母留在北京。就在这时见着了陈璧君，她为迎接精卫出狱，特来北京，先住在我家中，与我们同饭，及精卫出，她亦离开我家。那时五叔在北京的机关就在义兴局，袁克定与五叔会面亦在那里。义兴局最初是高阳齐氏所开的一个线铺，庚子以后，竺山、如山弟兄因曾在同文馆学习德文，遂与德国兵营发生联络，以义兴局名义为德国人办理食粮，这时在镇江胡同，辛亥年又变成同盟会京津分会的秘密机关。

后来张绍曾在滦州起兵请愿，京中人心惶惶，五叔就叫我们皆离京。动身前并由五婶为我剪去辫子，更往东交民巷祁罗弗洋行作一身西装。这是我剪发换西装之始，遂往津，住平安里。

二、初学作诗

  谢向臣先生的学问实在不合于教我,在上文已经说过,这些年完全仗着我自修及有时请教于齐老先生。父亲因忙于公事,对于这种情形一点也不知道,在入南开以前,我方才将这些话告诉他,并且说若要宗侃读书有成,必须换个老师不可。父亲接受了我的意见,就于我往天津以后,将谢先生辞馆,另为叔陶弟请了一位胡先生,年约五十余岁,可惜我现在已记不清他的名字,因为我们给他起了一个外号"胡仙",所以至今只记着他的外号。他的国学当然远超过谢向臣,常常作诗,我作诗就是同他学的。第一次作的是献给齐太夫子的:

> 我爱齐夫子,觥觥诂训详。
>
> 诗传毛氏序,里立郑公乡。
>
> 鹰隼天边击,鲲鹏海际翔。
>
> 儒风高万古,群仰鲁灵光。

  我本来质而不文,所以诗是始终未学成的。记得民国卅七年教育部长朱骝先派我们到台湾来展览文物，蒋慰堂先生任团长，他常常吟诗，同行的钱默存（锺书）先生因问我是否亦常做，我赶快回答说不会，在渊博如钱先生这样的诗人学者，我如何能说会做诗呢！又在三十八年夏天，曾今可先生忽然将我列入"台湾诗坛"的发起人中，我因此赋诗一首：

> 平生畏拙远讴吟，
>
> 六代三唐不敢亲。
>
> 岂料南丰真好事，
>
> 无端强我做诗人！

这话亦是记实的。

三、民元的京津兵变

这年年假并未大考，就准予升学，因为甲乙两班同时毕业，第二年就是民国元年，我们这一班就改为丁班。正月间发生兵变的事，先由北京起，变兵焚烧了东安市场等处；第二天就发生在天津，将大胡同、北大关等处焚毁，我们登上了楼北望一片火光。这当然是袁世凯等的把戏，因为他不肯至南京就临时大总统的职，想出这个办法，表示他必须在北京镇守不可，果然参议院就允他在北京就职了。

这次开学后，我变成走读，中饭在学校左近的小饭铺吃。每天往来皆与蒯毅伯（毅）同步行，蒯君住在长发栈后面，与舍间甚近，大约由家至校须要一小时。上一年在校中与凌冰先生甚熟，他在年终毕业，后仕至驻南美公使。这年同班中今尚记忆的有周寿昌，每次皆考第一；另有蔡鸿，为当时直隶提学使蔡君之侄，后往法国得医学博士，共产党未入上海以前，尚在彼行医。此外非同班而往来甚密者，有周楠，字季木，为周学熙之侄，藏书家周叔弢之胞弟，后来以收集石刻著名，刊有《石刻谱》；孙浔方是孙榮方之兄,善书写。有一次他买得裱好未写的一副对联,问我写什么好? 我那时正在阅《洪北江诗话》,就无意中翻出一联:"论文自可儿司马,骂座还当弟灌夫。"他大喜就照写上。悬在宿舍中,恰遇伯苓校长巡查至此,看了颇不以为然,说"何其狂如是"! 现在想起来,仍不免大笑。

四、天津民立第一小学简章

范孙丈所创办者不只南开中学，并与天津民立第一小学堂有关。在我的书箱中无意中带来一册这小学简明章程，是光绪廿九年癸卯刊行的。兹择要录下：

第六　课程　小学共分八类：(1)修身(2)读经(3)作文(4)习字(5)史学(6)舆地(7)算学(8)体操(9)酌加理科、图画及掌故等。

小学之下尚有蒙学，大略相同，只将作文改为字课。小学及蒙学皆有读经，可见清末对读经之重视。彼时蒙学等于现在的幼稚园，试想：使现在幼稚园的儿童读经，岂非怪事！细想起来，近六十年来，真不能说没有进步！

第七　学期

每年正月开印日开学，至暑假时为第一学期。自暑假后至年终十二月封印日年假散学为第二学期。暑假自小暑后为始，以二十日为限。

第八　学费

头班一级,每月三角;二级四角;三级五角;四级六角;五级七角。

至于教职员的待遇,第十经费中亦加以规定,即总教习监督月支薪膳银二十四两,分教习共六人,月支二十两,司事月支十五两,连堂役每年共开支银一千八百零八两,银洋一百九十二元。另外各种开支每年一千元。

每年由严君范孙等五人各捐四百两。

这虽然在当时是一件无足轻重的文件,现在六十年后的今天,却是甚有意义且能代表北方当时小学校的情状。

五、留法俭学会的创办

辛亥年六月五婶先回国,五叔带了一封信给父亲,现在尚保存在我的手边,照录如下:

四兄大人惠鉴:弟妇现已归国,此间事面陈一切,兹不赘言。惟其到京后,务须照旧学习,免弃前功,已上禀母亲,尚望吾兄从中维持,免有阻力。现在女子教育之重,吾兄所深知,恐信中未能言之详尽,乞兄随时陈述。此非沾染洋习,亦非不知自觉,弟妇虽年已稍大,补习较难,惟得尺则尺,得寸则寸,较之饱食无为犹胜多多。若深奥科学,或难详究,至普通文字,尚可补习。且音乐只在多练习,更无年岁之限制。然音乐亦系专科,为教育所重,未可菲薄也。至出门受课,匪为欧风习惯,毫不足异。即中国女生亦且如是,吾家不宜拘守旧法,亦必吾兄所谓然。倘稍有阻力,尚乞吾兄设法维持,俾竟其事,不胜盼祷。此请大安,弟煜叩,西六月十七号 阖家均安话虽是这样的说，但那时北京并无有成年补习学校，五婶只好在家中从胡先生读中文，另租来一架钢琴在家中练习。彼时绳匠胡同南头就有一所女学校，大妹效梅就在彼读书，但不收成年的学生。

民国元年二月齐竺山来津，与叔父商议留法俭学会事，在平安里楼下草成章程，至四月初遂与叔陶弟同往北京，以下事详《旅法杂忆》，兹不重说。

※　　　※　　　※

日前由《传记文学》主编先生转来严仁棠女士来信，她是范孙丈的孙女，季冲（智开）兄的次女，因见我写的南开等事，知道我们是世交，我亦甚欣喜能认识她。信中尤其重要的一句，她说严府是原籍慈谿（浙江）而后迁天津，并非如前稿所云原籍无锡，特为更正。六月十七日附记。

旅法杂忆（一）

一、起程往欧洲

我们是民国元年（一九一二）十一月底由北京起程，同行者共三十余人，由留法俭学会预备学校第一、二班学生所组成，另有数人是未入预备学校而临时加入同行的。先是，元年二月间由李石曾、蔡孑民、吴稚晖诸先生创办留法俭学会，这与留法勤工俭学会纯是两个组织，世人常混为一谈。俭学会由学生自备学费，而留法勤工俭学会则学生只须有一百元的四等舱路费，求学费则在法做工所得。再前者创办于民元，至民三（一九一四）第一次世界大战起后，即再无学生往法；后者则创办于大战后，民国七年（一九一八）始有人往法。前者人数不多，而后者数逾一二千人，此其大体的差异。

留法预备学校创办于元年四月，设于北京安定门内大方家胡同路北顺天高等学堂旧址，更在前为国子监南学。国子监在北，他在南，中隔一街（似名国子监胡同），故名南学，为监生读书之处。是时蔡孑世丈方任教育总长，遂将其地拨归预备学校。我称孑民先生为世丈者，并不只因为他是家叔的好朋友，并且他是先祖的朝殿门生。他是光绪十六年庚寅的贡士,与文韵阁廷式同榜,十八年壬辰补行殿试,成为二甲进士。这年先祖是殿试读卷大臣,凡朝考殿试所取者则称朝殿门生。顺天高等学堂用南学后,将其房屋颇有改造,比如我们的宿舍是二层楼,就是顺天高等所新建,而非南学所旧有。宋教仁先生及林子超主席皆曾住在宿舍楼下,而在我们的饭厅吃过饭的。林主席看见我们这般青年在宿舍广大的庭院中玩皮球,甚为高兴,就送给我们一个大皮球。及子民世丈离教育总长职,汪伯唐大燮接任,又将南学收回去,不过这时我们早已往法国了。

民元四月初我离开南开中学,偕宗侃弟往北京,入预备学校。就在入校的时候,路经教育部,得谒见蔡子民世丈,这是我识蔡丈之始。先我们而入预备学校的同学不多,入校时第一个遇见的是徐海帆廷瑚,他是保定农校的毕业生。当时农校送前两名毕业生至日本读书,他曾往彼读书一年。他的日本语,据台湾朋友说,外省人中对此可列为前几名。留法俭学会既设,他就要求用农校的公费改留学法国,因为公费恰是六百元一年,与俭学会的规定相合。第一名以路远畏难,海帆更拉李润章书华补其缺。后徐君得化学硕士,润章得物理学博士。同学后逐渐增至二十余人。

留法预备学校的组织在当时甚为特殊,虽未用学生治校的办法,但实行学生在校服役,这可说早过东海大学四十余年。每个楼上的宿舍及在楼下的自修室皆归其屋中同学自理,饭厅及洗手间则分组轮流打扫,开饭时端菜饭亦由同学担任。第一个月完全吃西餐,以备熟习用刀叉。第二个月以后因学校亏空过多,始改吃中餐。上午课程每天两小时法文,每个学生必修;下午有代数课,选修。法文由铎尔孟(André d'Hormon)担任,这是他自己的要求,由法使馆所保荐。他不支薪水,只由学校备马车接送。第一班共学四个月法文,八月间第二班由四川来平,法文教师不够用,第一班遂停课,铎尔孟改教第二班,他们学法文的时间更短,只学了两个多月,至十一月两班一同动身。

说起铎尔孟先生来,这亦是一位奇特的人物。据说他是私生子,是他的母亲与一位犹太文学家的结晶。铎尔孟这名字是他自己取的,因为 mon 译音为孟,近于孟东野,他更自取号曰浩然(孟东野亦字浩然)。他毕业于巴黎东方语言学校,这学校包括各种远东近东的语言,有波斯文、土耳其文、暹罗文、中国文等,他学的是中国文。他于清末来北京,直至共党来北京后方回法,可以说是一位老北京了! 他的国文不错,但有时露出外国口音,似不及伯希和(P. Pelliot)的精纯。在汉文翻译上,铎尔孟时有特异的见解,不过他喜欢将他的翻译留在抽斗中不发表,所以他无有著作传世。民国间他屡在北京大学及中法大学教法文,后又在北平办法文研究杂志及汉文研究所。

由北京动身后,乘坐三等慢车,共行二十余天,共换车十二次,始达巴黎。计北京至山海关,次日再至沈阳,住二日。然后住长春,换车,再达哈尔滨。抵达时方夜晚,乘无轮马车行雪上往旅馆,极冷。乃留行装于车上,下来跑步逐车行,始觉暖和。次日,至赤塔,有俄海关验行李。行数日至伊儿库斯克(Irkutsk)，夜间绕行贝加儿湖（Baykal）南端，起床近看，风景极美丽。由是换车至柴来宾来克（Chelyabinsk），此段在全途中最长，共行七八天，路旁皆原始森木，风景无足观者。更两天而至莫斯科，换车后一天达华沙，这时在俄德奥分波兰后，其地属俄。由哈尔滨起满地屯雪，至此方见地面不冻矣。游其城市，始见欧洲景象。

西比利亚慢车当时有两件事足记者，即每节车中皆有一木柴炉，由一工友不断的加木柴，由钢管通至这一节车，故车中温暖如春。所经各地树林茂密，木柴不虞其缺乏。又每个车站皆有热水龙头，乘客可以自取热水，吾人因此沿路皆饮热茶。此五十年前事，不知现在仍旧否？

由华沙动身第二天抵柏林，天下小雨。因系乘慢车，须换车站，大约在东部下车，改乘汽车，往柏林西部登车。由哈尔滨起沿途皆一留俄王君陪同，途中甚为方便。至是又由留德学生杨君招待，彼与李显章（骏）旧同学，极为殷勤。抵柏林为十二月十八日，次日十九日遂抵巴黎。

二、初至巴黎

前面已经说过我是民国元年十二月十九日早七点钟抵达法国有名的首都。前一天下午由柏林动身,所乘坐为三等车。当时初抵欧洲情形不熟习,且为省路费计,所坐并非卧车,乃终夜未睡未食,抵巴黎后乃既饥且倦。途中间一站车偶停,亦不敢下车。偶过站上推车售物者,随购一瓶饮之,淡而无味,盖矿水也,至今思之,每为辗然。其实矿水在欧洲人固常饮之,且为治胃疾之良饮料也。

抵北车站后(Gare du Nord),来接者甚众,五叔李石曾先生、齐竺山(齐如山之兄)、褚民谊、王子方等,余皆不识。由齐褚诸君分领同学诸人由北车站乘地道电车,其入口即在北车站地下,直往欧带庸地道车车站。欧带庸(Odéon)者,雅典古时竞赛诗歌与音乐之所,法人因以名其国立第二话剧院,院创建于一七九七年,在赛因河(Seine)左岸拉丁区中。拉丁区即文化区,各学校如巴黎大学、法兰西学院等及各大书店皆在此。欧带庸剧院前为欧带庸广场,旁通达者有七街,除正对剧院者名为欧带庸

街外,其余六街各以法国名剧家之名称之,如剧院东为高乃义
(P. Corneille)街,高氏为十七世纪悲剧大作家,与拉西恩
(Racine)及喜剧大师莫里哀(Molière)并称剧界三杰,法国中学
以他们的著作为必修科,必须讲解背诵,我在中学亦读过不少他
们的文字。抵巴后吃饭在德拉弯(Casimir-Delavigne)旅馆聚
餐,旅馆亦在六街之一,巴黎常以街名名其旅馆,此亦通例也。
五叔与欧思同席间各有欢迎词,欧氏比国人,以创三线谱著名,
《辞源》中曾及之。午后下雨,往书肆中索购纸笔,苦不可得。不
晓巴黎各大书肆皆不兼售,而欧带庸剧院四面廊下有专售文具
处,近在咫尺而竟不知,可笑也?

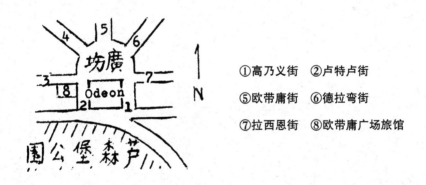

①高乃义街　②卢特卢街
⑤欧带庸街　⑥德拉弯街
⑦拉西恩街　⑧欧带庸广场旅馆

晚饭后在李显章(骏)住屋算沿途用账,盖李君专司会计也。
每人在起身时各交二百元,除途中用费以外,尚可供购买在学校
所用被单四条及枕头套四个之用。凡留学旅费当以此次为最节
省,可谓前无古人矣。我不能说后无来者,因勤工俭学会只需四
等舱船费一百元,更俭过于吾辈矣。
　　晚宿于欧带庸广场旅馆,在卢特卢街(Rue Rotrou,见图),

楼上可下看广场。晚间在左近散步，但行踪所及终未出欧庸七街一带，见南方之公园极为热闹，即卢森堡公园也（Jardin de Luxambourg）。廿日上午在欧带庸剧院廊下购拜卢（Perrault）之童话一册，十七世纪法国名作家也。此予抵巴黎后所购书之第一册，后共购书三四千册，此其始也。

三、法国乡间的中学校

民国元年十二月二十日，乘火车往蒙达邑（Montargis），五叔竺山同行。蒙邑距巴黎南正一百一十公里，在巴黎里昂马赛（P.L.M）铁路沿线，登车处即里昂车站（Gare de Lyon），在赛因河右岸。蒙达邑为卢阿莱州（Loiret）之一县，其地有男女中学各一，工职农职各一，有警察局及宪兵队，有医院；市政府外为公园，附有图书馆及博物馆。另有县政府，县长由内政部所派，而市长则当地居民所选。居民共约一万二千六百余人，此据一九四〇年字典所载。法国人口近年无大增减，故一九一二年人口必与之相近也。

是时同来校者预备学校第一班学生皆入男中学，而第二班同学只十余人皆入工业职业学校。入中学者为徐廷瑚、李润章（现在纽约）、汪申（现在台北工专）、李骏及余共二十余人，入工职者则有何鲁（曾在中大及重大任教，非何鲁之，后者乃勤工俭学会学生也）。此外尚有十月开学时即已来校之乐祜、乐禔、乐夔，皆同仁堂药肆之乐氏。乐夔最年幼，抗战中为掩护国民党人为日人所迫而自杀。此外不住宿校中者有顾兆麟石君、孟余之弟。孟余原名兆熊，字孟渔。又有宗伟宗侃两弟及曾仲鸣、方贤俶、陈昌祖。方为烈士方声洞之子，曾则烈士妻弟，而陈则璧君之弟也。予等到后方来者为张绍程。绍曾之弟入预备学校而先来法。此时为旅蒙留学生极盛时代。旅蒙中学学生始终不断，战后勤工俭学学生亦曾来居其地，如李汉俊等即是也。勤工俭学学生最多之中学除蒙达邑外为第戎（Dijon）及枫丹布露（Fontainebleau），后者曾于大战后偕润章李圣章游其地，时仍遇见不少学生。

抵蒙达邑车站时约已晚七八点钟，下车后中学校长来迎，凡入中学者即排队随之而往。校长名 Deszarnau，年六十余，须发皆白。车站去城甚远，过桥三道，蒙盖水城也。时已昏黑，只在煤气灯下微辨所经路径而已。先过广场，后过大教堂，忽见街旁甚明，列有无数书柜于壁侧，盖小书肆也，肆旁即中学校矣。校长掣肆旁小门之门铃，鱼贯而入，内系小屋，司门者所居也。出小室为一广院，更曲折而入一方室，饭厅也。置衣帽毕，后登楼察看行李，再下楼饭，饭毕乃寝。寝室在楼之第三层，置床三排，此法国中学校制也。蒙邑中学之房屋颇古老，后改作学校者。校之正门实在西面市场，余等所进之门系东面之旁门。东面尚有大门，上课时开启，下课后即闭，出入皆由旁门矣。

旅法杂忆（二）

一、记蒙达邑中学

　　法国的学制,中学分成七班,前四班等于中国的初中,后三班等于中国的高中,这些李润章(书华)兄已经在他的一篇文章中详细的说过,兹不重复(李文见《传记文学》第三卷第四期)。我现只想补充一句话,就是在有些中学中,并兼办有小学及幼稚园,蒙达邑中学就是如此。中学最高班分为文理两组:文组叫哲学班,理组叫做高等数学班。再下是第一班,下至最末一班为第六班,以下第七班至第十班为小学,再下更有幼稚班。我们初到学校的时候,在北京只学了四个月的法文,当然不能随便谈天及听讲,校长就命我们加入九、十两班的合班,这班里全是八九岁的法国小孩,他们读的课本也是小猫与小狗打架等故事,这对于儿童当然很合适,但是对于我们这种将近二十岁的人是毫无意味的;何况中间尚有年纪很大的,比如刘庆凯君,他已经三十左右,不止娶妻生子,而且已经有了孙子,当然与八九岁的儿童学不到一起。尤其法国中学规则非常的严肃,寄宿的学生毫无自由,每个礼拜四同礼拜六下午皆不上课,虽不上课,但皆由舍监率领着集体到郊外旅行,礼拜天全天亦是如此。过了两三天同学们感觉这些全不方便,就请求李石曾先生,实行留法俭学会的简章,因为简章上说:"到法国以后由俭学会租房子并请厨子及请法文先生专教我们。"后来李先生回答说:"当初的办法,现在想起来实行不通的,比如租一所房子专住,对于练习法文甚有妨碍。"学生们就说:"现在这种方法亦是不合时宜的。"后来李先生就同校长商量,研究出一种折中的办法,就是专为中国学生设一个法文班,教员即由校中两位舍监担任,一个教上午,学文法,一个教下午,读读本;另外在放假的时间,中国学生们可以自由上街,并且指定了菜场左边的两个咖啡馆,我们可以到那里去谈天,但事实上我只去过这两个咖啡馆两三次,其余的时候我们就自由行动了。蒙达邑车站的北面有一个大树林,里边大约全是松树,遮日蔽天,松枝满地,夏天非常的凉爽,我们亦常到那里去。

一九一三年暑假,正遇见中国的二次革命,五叔婶及汪精卫皆回到上海。汪在法国时住在中学的这条街上,这条名为甘必大街(Rue Gambetta),汪住在这条街的南头路西,而中学在北头路东。甘必大是一八七○年,法国第三次共和领导的人物,法国各城市常用他的名字做街名,以表示纪念不忘的意思。学校的斜对面有一个叫金光街(Rue Dorée),街上有一所城中唯一的百货公司,并有一间西服店,校长曾领我们到那里做制服。学校对面正是邮政局,校长有一次领着我们,去领北京寄来的中文报纸。就在这个暑假中间,接到齐竺山(宗祜)丈由巴黎来信,说是严范孙丈来游欧洲,叫我可以到巴黎去访问他。我得到校长的允许就乘火车往巴黎,快车走了四小时,下车后遇见豆腐公司派来的工人来接,我们就乘地道车到了蒙巴尔那斯大街（Bd, de Montparnasse）,彼时豆腐公司在这条街上开了一中国饭店,生意尚不算坏。当天中午我就会见了范孙丈,他是每天到中国饭店来吃饭的。他这次出国是由袁世凯出旅费,率领着袁氏三个世兄:老四、老七、老八,并他们的中文先生,我现在尚记得这位先生姓徐。我们在饭店中的特别座吃饭,这天我头一次会见范孙丈的长子约冲（智崇）兄,他是早年留日的学生,后来在德法各国皆住过,他故在留日学生监督任内。我顺便在这里谈谈巴黎的中国饭馆。当时巴黎的生活,大约普通的饭馆每餐要一个佛郎二十五生丁,中国饭馆是特别的,大约价钱有五至六、七以至十余个佛郎。这所中国饭馆是由豆腐公司开的,服务的全是公司的工人,比如高二安君就管作饭。他是曲阳县人,他哥哥似乎是个前清的秀才,他到了北平以后努力的自己练习,已达到头等厨师的地位,后来他在法国又入了巴黎的厨师学校,这里毕业的学生也是法国第一流的名手,法国总统府所用的厨师皆是这学校毕业的。可以说他对于做饭的艺术是中西兼通的。当时的侍应生里边有后来做中国农工银行总经理的齐云青（致）及北平公务局的局长李广安两君,这是勤工俭学会的先导。齐云青告诉我一件故事:有一天一个法国人来吃饭,吃了不过十几个佛郎,在付饭账以后,他又给了齐云青一百个佛郎做小账。因为彼时中国饭馆甚少,外国人颇喜欢吃,但到了第一次世界大战以后,就开了很多的中国饭馆,听说现在并不少减。

第二天饭后我又同他们去到巴黎近郊哥伦布山谷(Lesvallée Colombe)豆腐公司去参观,豆腐公司是五叔李石曾先生创办的,招有中国工人二十余人,范孙丈也是股东之一,豆腐公司出品有豆浆、豆制面包、豆制点心、豆制可可糖及豆制仿象牙图章等。五叔是在欧洲提倡豆腐工业的第一人,他并且用法文写过一本书就名为《大豆》。这天参观了以后,范孙丈等先回巴黎。第二天再到中国饭馆,只见严约冲兄,范孙丈未来,他们第二天要往英国去了。这天晚上到豆腐公司旁边的哥伦布林(Bois Colombe)的世界社,这是顾石君(兆熊)兄约我去住的,在这里我须谈一谈世界社的历史。

世界社是在民国前六年由吴稚晖、张静江、李石曾三位创办的,它是一文化、经济兼革命的机关,他们自己设立一个中国印刷局,先设在巴黎的达卢街八号(8,Rue Dareau),后迁到哥伦布林。曾出版《新世纪周刊》及大型的《世界画报》、《六十名人像传》及很多宣传革命的小册子,但到了搬在哥伦布林的时候,已经不出版书籍了。这是一所下边有地下室,上边两层的楼房,褚民谊住在头一层,而顾石君住在第二层,这时褚民谊到南洋去了。顾石君就招待我住在一楼。

隔了一天是星期日,邢仲奇请我同石君去游逛巴黎,这可以算我第一次游巴黎。因为在去年初次到法国的时候,我虽然住过两天巴黎的旅馆,只在欧带庸一带观览,就是近在咫尺的卢森堡公园亦只在铜栏杆外观望,并没敢走进去,这次可以说是真正的游逛巴黎了。不过邢君实在是一个乡下的土包子,他在豆腐公司管会计,但对巴黎并不太清楚,那天他请我们游逛植物园。由圣拉萨尔(Gare de St. Lazare)火车站乘坐两匹马拉的大公共马车,这是同公共汽车较小的一辆车子,但是不用机器驾驶,而用双马拉着,这种车在第一次世界大战前,在法国各城中皆极盛行,但是在大战后就改为机器的公共汽车了,我在巴黎这次是唯一乘坐这类车的机会。植物园距离车站甚远,里边有博物陈列馆、演讲的大楼,有法国著名的植物学家、动物学家、矿物学家在里边做教授,有公开讲演,不纳学费,亦无资格的限定。我在巴黎共留了一个星期就又回到蒙达邑中学。

自从我六岁的时候在曲阳县得了一种病,这是因为曲阳水中所含的碘质太多,脖子上长了一个粉瘤,时大时小已经十一年,在蒙达邑找了一位医生诊断,他认为必须动手术,将粉瘤开开,就由校长将我领到军营对面市中唯一的医院,第二天就动手术,局部麻醉,开刀后一天不准我饮食,第二天方饮牛奶。记得校长就同同学李显章来慰问我,我并且向李显章借了一部石印的《后汉书》,就躺在床上看了几天。第三天就下床往饭厅中吃饭,只吃软性的食物,如牛肉汤、土豆泥及面包等。病房共两大间,每间有六张病床,有两位护士皆是修女,外面有一个小花园,花园的另一端有一所病房,所住的全是军队。我住了一个星期,痊愈后校长就接我回校。

二、蒙达邑中学的校舍

蒙达邑中学是由两所古老的房子组成，房屋相连，但是地基高低不一样，最南边的一所是校长所住。北面一所最下层是间大礼堂，隔壁就是一间大饭厅，中间是一个过道，为学生往来前后院之路。第二层楼皆是自修室，南边为法国学生所用，北边的一大间是专为中国学生用的，上自修的时间，皆由舍监坐在高椅子上来监视。三层楼是两间大宿舍，南面的是法国学生住，北面是中国学生住，这两所房子全是坐西向东。北面另有一排横的楼房与之相连，里面完全是教室。后面操场中，南面有一排新盖的楼，下面一层是图书馆，上面分为两大间，东边的一间是三至六班的数学教室，西边的一间是图画室，里边很多石膏模型，专为学生画素描用的。北面有一座风雨操场，有的法国学生练习打枪也在这里，西边有几扇大门，这实在是学校的正门，但是平常不开，门外是个大广场，每个礼拜中有一天在这里开集会，有些乡下人来此地买卖食物用物。在风雨操场与大门之间，有四间小厕所，因为学校的后面叫做卢安街（Rue de Loing），以卢安河而得名,将卢安河的水接上小沟通到厕所的下面,于是自然就变成了抽水的马桶。校中共有教员十人,教法文的有二人,数学的二人,理化的一人,史地的一人,博物的一人,英文德文各一人,图画的一人,另外有小学班教员一人,幼稚班女教员一人。内中有特别使人注意的就是理化教员,他永远戴着一顶小礼帽,他的教室后面有一间实验室,在两节课中间,休息的时间,很多教员全都到操场中散步谈天,但是他很少有下楼的时间;另外一位是教高级法文的先生,他在教员中年纪恐怕最老,每上课时间,他必衣装整齐,穿着大礼服,头戴大礼帽,手拿着银包头的手杖,可是脸上擦着白粉,人非常的清洁,据同学说有一次他走在街上掉了手杖,路边上一位老太太替他捡起送上,他就直摆手说不要了,因为他认为那女人摸脏了他的手杖,他的这类举动,同学们常引为笑谈,但是他博学强识,对于法国古典派的戏剧家,他不只能背诵如流,并且能说出这是某一篇中的第几句,我上过他第三班的法文课。我们这一班中除了我以后,只有两个法国学生,一个就是我下文所要说的米赛勒(A. Michel),另一个是嘉瓦罗(Cavaro),他是宪兵队军官的儿子,我到过他家。现在这位法文先生应当已在百岁以上,他绝没想到他的一个中国学生,会在回忆录中讲到他!另外教我们法文的是两位舍监,一位叫帽子(Chapeau 意即帽子)先生,一位叫托玛西尼(Tomacini),他是地中海科西嘉岛上的人,与拿破仑同乡,样子与身材皆甚像拿破仑,他是巴黎大学法科的学生,每一周去一趟巴黎听讲。校中没有教音乐的先生,愿意学的可由校中介绍,不上课的时间,可以在课堂练习,至于剑术亦有人到校中来教。教图画的先生颇有名声,在市立博物馆中陈列着他画的一幅风景油画。教小学班的先生,身体高大,留着平头,中国同学给他起了外号叫作"大头和尚"。

饭厅中共有大理石面的大饭桌十张,每桌坐六个人,最上边一桌是两位舍监同坐,舍监的权甚大,他们吃完了饭以后就击掌两次,学生们听见了也就离席。早饭是咖啡牛奶,或可可牛奶及面包,饭是一汤一肉一菜,吃饭的时候校长同帽子先生必定来巡视。寝室亦由舍监管理,屋里那时所用的全是煤气灯,他要一熄灯就必须上床就寝,这是法国中学的惯例。

在寝室南边窗户正对着隔街的一所女成衣部,有一位同学名叫索勖刚,他是旗人,他的父亲文叔寅是齐太夫子的学生,他是同齐竺山丈及同仁堂乐氏弟兄、张绍程、宗侃弟同往巴黎的,他们去的比我们早几个月,可是后来他们又到蒙达邑中学学法文。索勖刚同学读书颇佳,到了一九一四年欧战未起以前他就到巴黎去,又过了几年他就病故在巴黎,他家中就把他葬在那里,并请蔡子民世丈为他写了一块墓碑,少年葬身异国,可为太息!

暑假后学校中换了校长,旧校长调到法国最北部的里勒(Lille)中学去,里勒是在法国与比利时边界上的大城,这城有二十万人口,有大学,并且有大学区,有工业专科学校,是一相当著名的工业区,里勒中学当然比蒙达邑的大,但是不幸的是在下个暑假世界大战就爆发了,里勒最早就陷入德国人的手中,老校长的下文就不太清楚。新校长比他年轻,大约五十多岁,他的拉丁文甚好,有时他的哥哥到校中来住,他们两人就说拉丁文。暑假后我的法文已经很有进步,就加入第二班的算数、代数、平面几何及理化等科,至于法文则在第三班听讲,这年蔡孑民丈与汪精卫皆常来学校讲演。

三、法国乡间小镇的生活

在春假中我曾经到蒙连邑南面的小城叫沙第庸，这小城火车不过一个多钟头，一个同学米赛勒的家住在那里，我是早晨去夜间返校。按法国名沙第庸（Chatillon）的小城甚多，普通全在沙第庸后面加上在某一河上，比如这里就叫做在卢瓦尔河上的沙第庸（Chatillonsur-Loire）。后来又遇见一次放假，假期三天，这次是乘自行车去的。说起我学自行车来亦是一件有趣味的事。学校后面操场角上有一个大树墩子，我借了堂弟宗伟的一部女子自行车，我一脚踩在树墩子上，另一只脚放在脚踏板上，用力一蹬，车先就可以走几步，如是的练习长了，就可以在操场上转圈，逐渐的可以穿门到前院以至于上马路行走。这天我本来预备夜间回校，可是我骑车太累了，到了米赛勒家，晚饭后大呕吐，他家人就劝我住在那里，到第三天同乘火车返校。校长看见我那天人不见了，就大为生气，因为法国中学的校章规定出门必须向校长请假，他认为我犯了过失，就找了五叔，他也不知道我的下落，等我回来以后，我方才向校长特别声明。

我骑自行车并不是没有发生过问题,有一次我由火车站回学校去,因为为宗侃弟取衣服,骑得甚快,恰好那天是集市,广场中挤满了人,几乎将一个车中被人推着的小孩撞翻。后来到了巴黎因为车辆来往太多,我就不敢再骑自行车了。

到了暑假为了练习法语,我就到沙第庸住在米赛勒家里,沙第庸只是一个镇,它较蒙达邑为小,蒙达邑的人口是十二万六千余人,沙第庸只有两千五百人,我这全都是根据一九三三年的版本法文字典的记载,法国的人口素来变动很少,一九一四年的人口与这字典里数目大约略相等。我在这里看见了法国最小的镇市,它只有一条热闹的街,有市政府及最低级的调解法庭(Juge de Paix),我这同学的父亲就是调解法庭的庭长,他手下还有两个职员,可谓政简刑轻了。他的家中人口不多,他们老夫妇两位只有一子一女,这是法国式普通的家庭。他的房子是自己的,就在大街的横街上,前边有一个小花园,后边二层楼,下层是一间客厅一间饭厅,楼上是两间卧室,屋子旁边用铁丝网拦隔着,养有鸡、兔子,法国人认为兔子肉是上等菜,我住在他家以后,他每个星期杀一只请我吃,我有一次看见他杀兔子,先将兔子两腿倒吊起来,然后挖下它的眼睛让血自眼洞中流出,据说这样子肉可以很嫩。但我看了认为太残忍,从此以后我在国外没有再吃过兔子肉。

他们在山上并有一所小花园种了果木树甚多,老米赛勒先生在不办公的时候就上山自己修理树木。另外因为沙第庸临着卢瓦尔(Loire)大河,河面甚宽,河中鱼甚大且多,他常到河中钓鱼，我亦有时陪着他儿子同去。镇上钓鱼之风甚盛，常看见日落的时候背着大鱼而回的人，大约种树同钓鱼是这镇上人喜欢做的事。

镇上只有男女小学各一而没有中学，欲上中学的必须到其他的大城中。有两个镇上的人在教会中学读书，这是并不常看见的事。法国自从政教分离后，小学绝对是公立，中学是国立或者市立，中学毕业的为学士，由学区总考，教会学校不能授人学位，这是法国一种特质。

四、第一次世界大战发生

　　当第一次世界大战发生的时候,我对国际局势并不太了解,只在七月二十八日听见我的居停法国人家说局势很坏,有总动员的可能。按这天是奥国皇太子被斯拉夫人所刺死,德国同奥国将要对塞尔维亚宣战。法国不能旁观,所以颇能引起德法战争的问题,果然到了一九一四年八月二日,法国总动员令颁布了。那天早晨我看见晨报(Le Matin)只剩了一单张,法国青年纷纷地开往前线。后来战局逐渐恶化,就是预备役的人员也难免动员。我的邻居的隔壁住着一位调解庭的职员,他三十岁左右,刚刚结婚不过几个月,接到动员令就同他的夫人抱头痛哭,甚难分舍,后来就将房屋托我同学的父亲代为保管。这老头子反而甚为勇敢,他会用猎枪打猎,有一天他同我及他的儿子,皆到卢瓦尔河边散步,这是法国最大的一条河,在当时颇有战略地位,老米赛勒就说:"若是德国人攻到这里,我一定用猎枪守着河岸。"并且说话时用眼睛看他儿子,他儿子摇头不赞成,他对我说:"李先生一定帮助我。"我就回答说:"这是一定的。"老头子就大乐,法国老人的爱国心如此。不久女主人的两个侄女全由巴黎逃来,这是在九月玛尔俄(Marne)战役胜利以前的事;在这次战役以后,战势的情形比较稳定,法国人心比较稳下来了。这两位侄女的丈夫皆已动员往前线,但常有信来,法国军队寄信是不用贴邮票的,这战役的总指挥是人所共知的霞飞元帅,但是嘉里埃尼(Galieni)的功劳也不小。当时德国人以为法国军队皆上前线,巴黎空城没人守驻,不知道巴黎临时总督嘉里埃尼将军临时集合了第九军,在后面向德国前进的部队反攻,用巴黎计程车临时将军队输往巴黎城外,这是在德国军队意料之外的事,所以不得不撤退,这亦是大战史中一件不可磨灭的故事。后来嘉里埃尼死了以后,法国政府追赠给他元帅,以酬谢他的动劳。自从一八七〇年普法战争以后,法国就将元帅的阶级不再颁授,将军已是最高的地位。自从玛尔俄战役胜利以后,方于第二年将元帅恢复,第一个得元帅的是霞飞,第二个是福煦(Foch),第三个就是贝当(Petain),到一九二一年追赠嘉里埃尼。

五、我们向法国西部播迁

　　整个法国全都军事化了，蒙达邑中学亦变成了伤兵医院，学校另租民房开学，没有寄宿生，五叔全家皆将迁到法国西部，村名木商（Mouchan），是一个很小很小的村庄，它只有一个小学校，我就由沙第庸乘火车经过蒙达邑直往西边去找，当天晚间到了木商，火车上碰见军人甚多。第二天因为当地并没有中学，我就更南行到了圣梅克桑（St Maixan），这城亦不大，但是有一中学，中学旧址亦已改成伤兵医院，我们就在军营里上课。军营分两部分，一部分是旧的房屋，走起路来地板全都动摇；另一部分新建筑的二层楼，上一层供我们的宿舍，下层是一个小学校。这个学校较蒙达邑中学小得多，共有学生三十人，另加中国学生十人；教员大约只有五位，法文教员有两个人，其中一人是由校长兼，英德文各一人，数学一人，理化一人，这是我在法国读的最坏的中学。第二年一九一五年，战局成为拉锯的状态，法国青年们亦年年的征下去，有的先生也被征掉了，比如历史同理化皆换成了女教员。这里只有一个工厂，是一间啤酒厂，我们曾去参观。

一九一五年暑假,我们就到法国西岸的欧雷龙岛(Ile d'
Oleron)去避暑,这个地方生活很便宜,并且有若干中国学生亦
闻风而至。我们大约住了两个月,蔡子民丈亦曾来住过,后来他
就到法国的南部都鲁斯(Toulouse)去,我就同宗侃弟回到圣梅
克桑,他已经在木商的高小毕业,现在入中学第六班。我除同法
国人同班上课以外,另请数学教员给我补习高等数学,以为考大
学同等学历的预备。暑假后我同宗侃弟再回到蒙达邑,这年因
为法国政府在国会的不慎重发言,德国人知道法国只想取守势,
他就用全力攻击帝俄,使他完全战败而引起了俄国的革命。

一九一六年暑假中我同五叔全家,皆往住巴黎北边郊外的
安甘(Enghien),这里有硫磺温泉可以沐浴,也可以饮用治疗,这
一年蔡子民丈因为要回国就任北京大学校长,特来此访问五叔,
他住在蒙巴尔那斯大街的尼斯旅馆(Hotel de Nice),我特去那
里拜访他,这是我头一次游逛卢森堡公园并参观巴黎大学,巴黎
大学是我就要入的学校,是由徐海帆兄领我去的,尼斯旅馆是我
后来住过一年多的地方。在安甘的东北上有一小市镇,名叫蒙
莫朗西(Montmorency),亦是游人常去的地方,有一所乡村房
屋,卢骚在那里住过很久,现在就改为卢骚博物馆。我们也曾到
那里参观过。到了十月里我又由蒙达邑回到巴黎,为的考同等
学历的证书,并宗侃弟至莫兰(Meulen)中学,这是在巴黎同蒙
达邑的中途,后来我每隔两个星期就去看他一次,每逢放假他就
到巴黎与我同住,下面我须说明同等学力证书。

六、同等学力证书的考试

按法国的学制分全国为十七个学区，每个学区有一大学管理，凡中学学生将毕业时需由学校备公文送到学区去考试。考试分为两级，第一级在第一班读完的时候考试，考试及格后方能入文科的哲学班，或理科的高等数学班。这两班读完后再由学校送到学区考第二级考试，考及格后由学区发给学士证书，可以入任何大学。学士考试有笔试，有口试，考试委员由中学教员及大学教员组织的。凡外国人没有中学文凭者，可以考同等学力证书，亦分文理两科，当事人需先申请学区准许后，先去应笔试，我考试的时候是将一篇中国的公文翻成法文，这大约是东方语言学校的先生出的。第二天考口试，先读一篇法国文选，并将它当面加以解释，然后再考代数、三角，及理化的口试，及格后就拿到证书了。当时同考试者，文理两科不过二十人，以后凭这张证书去巴黎大学注册，注册组的职员甚少，不像中国各大学职员之多。法国普通只有一两个职员，忙的时间加添一两个，我这是讲的理学院的，文学院亦大约相同。大学学费甚廉，大约每个学生每学期缴费二十佛郎，等于当时中国钱十元。

旅法杂忆（三）

一、开始入巴黎大学

我在一九一六年十月考过同等学历证书以后，就于十一月初入巴黎大学理学院听讲。巴黎大学共分五个学院，法科、医科、药科，全有独立的房屋，唯独文理两科挤在一个大房子里。这个大房子北面临着学校街（Rue des Ecoles），西面临着圣杰克大街（Bd St. Jarcquas），南边临着概吕沙克街（Rue Gay-Lussac）。这原是法王圣路易（St. Louis）时代一个教士所修盖的，目的是为十三个穷困的学生，当然最初地址很小。后来到了路易十三时代，他的宰相厉氏里约（Richelieu）重新修建这学校，现在这校舍是在一八八五年重新修建的。因为最初修盖房子的教士名字叫骚尔朋（Sorbon），所以普通称这大学为骚尔朋（La Sorbonne）。它有好几个大门，北面的两个大门皆在学校街上，这里边有巴黎最大的讲堂，多半用做开会等用，里边有很多近代画家的壁画，最大最有名的一个是沙婉（Puvie de Chavannes）所画的文学与科学两幅；它的东边门通到圣杰克大街，西边的南门有一条弄堂相通，这一面完全是理科的教室；西边的北门进去是个大院子,往东就是图书馆。它的书库分为五层,阅览室在楼上,阅览室主任坐在大阅览室的入口地方,四壁全都摆着书架,架上的书可以自由取看,至于书库的书目录亦在阅览室中,要看理科书的可以到南边的小窗户去请求,看文法科书的到北边小窗户去请求。到阅览室看书的人必须持有注册证,注册证在第一次世界大战前只须缴二十佛郎,包括阅览书籍在内。在图书馆前大院子有一所教堂,它是厉氏里约以前所修盖的,现在他的坟就在里边,教堂的大门通着骚尔朋广场(Place de La Sorbonne)。大院子以北就是文学院的各种讲堂,图书馆楼下亦有四个大讲堂,皆是文学院所用,全巴黎大学皆是三或四层楼,全都是教室或实验室。

巴黎大学是采取讲座制,每一门功课有一讲座,比如我记得地质学有一个讲座附有两个讲师,分别担任讲授及实习的课程;比如矿物学就与地质学分设一讲座。有的科目比如数学就分设三四个讲座,比如化学就分为有机化学同无机化学两讲座。巴黎大学在一九一四年共有一百六十个讲座教授,另有八十四位副教授及二十六位讲师。在我在的时候,那里有一万四千法国男学生,一千个法国女生,另外有三千五百多外国男生,及一千两百外国女生。

在教堂的门口两边,有两个石像,一位是代表科学的巴斯德,一位是代表近代文学的嚣俄。每个门口并有标准的电钟,这些电钟皆直接的通到天文台,所以它是极端准确的。教堂北面另一个门进去,是中古法文学校,专门训练研究中古法文老档案人才。

最初我本来预备学医，但是医预科不设在医科大学左近，而设在植物园内，我初到巴黎人地不熟，先在植物园旁边寻找旅馆，但是那里的旅馆既不多而且又贵，我就住在离巴黎大学左近的王子旅馆，这是在欧带庸左近离巴黎大学不远。我就改入巴黎大学，先读化学，我曾上沙得里叶（Le Chatelier）的无机化学及倍亚鲁（Béhal）的有机化学，沙得里叶年纪已经很老，他是法国科学院的院士，上课的时间带着随员甚多，全是替他为学生做化学实验的。倍亚鲁先生较他年轻得多，短小精干，讲书甚快，他著有两厚本《有机化学》。徐廷瑚兄同我一同上化学课，他已经是第二年读化学了，有机化学的公式甚为复杂，他曾关起门来在屋里背诵公式，他今年已经七十八岁了，在台中中兴大学授课，据他自己说他尚能不带片纸上课，在黑板写那些繁杂的有机化学公式。在巴黎的时间，他住在概昌沙克街，在巴黎大学的西面一所旧房子里，每逢他背书的时间，就在门上贴一条写着徐廷瑚不在家，我有时找他找不到，很讨厌他这种作风，有一天就把这条子上的不字改成正在家，因此有人看见这条子就屡次按铃，结果使他出来为止。他甚为惊奇，以为明明他写的不在家，何以会有这种事。等到他细一看时，原来是写的徐廷瑚正在家。近来我们在台湾又谈起这件事，他仍旧指着骂我淘气，现在回想少年的旧事，也不禁为之狂笑。

我同时听数学的课，有克尼克斯（Koenigs）的普通数学、魏习猷（Vessiot）的微积分、孟台尔（Montel）的机械学。这全是当时法国有名的数学家，克尼克斯是法兰西科学院的院士，魏习猷同孟台尔当时皆是讲师，但是后来魏习猷做到法国师范大学副校长，两个人后来全都做到院士，院士兼巴黎大学教授是法国学科学的人最高的荣誉。我现在附带一谈法国的师范大学，校中设有校长副校长各一人，由文学家及科学家轮流担任，比如这一次魏习猷先生是以科学家担任副校长，因为那时的校长是一位文学家，等到校长去世以后魏习猷先生必升任校长，他这副校长必须由一位文学家担任。师范学校的学生必须到巴黎大学文理科听讲，并考取文理科的国家硕士，但是除此以外，他仍须在学校中听他们专有的讲师为他们温习课程，并且考师范学校较考学士学位困难得多，在中学毕业考得学士以后，尚须经过竞赛式的入学考试，每年入学学生名额是有限制的。在巴黎大学考过硕士学位以后，仍须经过检定考试方能算毕业，方能在国立中学教书；等到再得到国家博士以后，可以申请到大学做讲师，所以法国师范大学毕业的学生是很为人器重的。高等师范学校是法国人所谓大学校之一，大学校（Les grands écoles）包括多艺学校（Ecole Polytechique）、高等矿业学校等，他们的入学考试皆是用竞赛式的。

在一九一八年停战以后，学校中来了一位讲师叫做茹利亚（Julia），他的父亲是一个工人出身的，家中甚为贫困。入中学的时候，同学中已经学了第二外国语德文，但是他一个字母也不认识，他用了一年的功夫，完全自修，居然赶得上德文课程，而且到了年终，他在班中考了第一名。如是的一直到中学毕业，皆没有考过第二。他就报名考多艺学校及高等师范学校,结果两种全考了第一名,后来他就选了高等师范学校。在大战中他被动员,鼻子为炮弹所伤,但是没有伤了他的智慧。他到学校教书的时候,已经得到国家博士学位,我记得他来上课的时候,受伤的鼻子上尚且蒙着一块黑布。班乐卫(Painlevé)是他的博士论文导师,后来他就接了班乐卫的讲座教授,并且在班乐卫故去以后又接了他所遗下的法兰西科学院的院士,这是一个独自努力成功的法国近代数学家。

反回来我再说一件故事及笑话。法国的习惯,在教授于休息室出来,由一位工友穿着大礼服,脖子中挂着铁链,开门引导到讲堂,于是学生就鼓掌欢迎。有一次方克尼克斯先生上课,学生照例鼓掌欢迎,他忽然大怒说:"前线上的士兵方在为国家拼命,你们为什么这样的高兴鼓掌。"从此他的课大家再不敢鼓掌了。由工友穿大礼服引着教授上讲堂,似乎只有数学各种课程如此,在化学及地质各科皆没有这种仪注。

二、住在尼斯旅馆的时代

巴黎大学的硕士学位分为两种，一种叫做国家硕士学位，一种叫做大学硕士学位。所不同的地方在于国家硕士学位所读的科目是有指定的：比如以数学来说，必须读普通数学、高级微积分及高级机械学三种，至于大学硕士可以读数学中的任何三种，每种在考试及格后各有一张证书；又如化学，欲得国家硕士者必须读普通化学、无机化学、有机化学三种，至于大学硕士就可以任意读三种化学证书；其他各种大略如是。凡得有国家硕士者可以考国家博士，至于得有大学硕士者，只能考大学博士，比如上面所说的徐廷瑚兄，他就考得了国家化学硕士，又同我同时住在王子旅馆的李圣章（麟玉），他后来也考得国家化学硕士，并考得国家化学博士。在我初住到王子旅馆的时候，圣章方绕道北欧经西伯利亚铁路回国，较后方才回来。这时《旅欧杂志》第一期方才出版，都尔印刷局方将印样寄给圣章校对，其中有我作的一篇祭黄兴的文章。我在这旅馆中住了大约三个月，因为是冬天，我住在五层楼顶的一个小房间，屋顶是斜坡的，在战争的时候房东不肯用大量的煤生火,所以水汀的火暖势不高,在五层楼上尤其感觉寒冷。恰遇见住在蒙巴尔那斯大街尼斯旅馆住着的两位华工,他们两人住一间前面的大房间,听见我找房子,他们说尼斯旅馆临后街尚有一间小房间空着,他们愿意让我住那间大房间,他们搬到小房间去住。我现在尚记得他们两人全是北方人,一位姓陈,一位姓刘。这时恰遇见高二安君在众神庙左近开了一个中国饭馆,我常到那里去吃饭,并见两位从前在豆腐公司的旧工人,两位皆姓段,他们这时改开计程汽车,他们就用计程汽车帮着我搬了旅馆。

尼斯旅馆南面面临蒙巴尔那斯大街,街上有双层电车来往。这条大街的人行道极宽,分为上下两层,巴黎的大咖啡馆每逢夏天皆在门前设有咖啡座,比如在大大街(Les grands Boulavards)上就是如此,蒙巴尔那斯却无这种情形,因为这条街上的咖啡馆根本不多,所以除了电车以外,尚觉安静,只是电车来往的时候,房屋常觉震动而已。我每天早晨必到这条街同拉斯巴邑大街交界的咖啡馆吃早点,这咖啡馆甚大而有名,是有名的文人及美术家聚会之所,可惜我现在忘掉了它的名字。我是立在柜台外面吃早点的,巴黎的习惯每个咖啡馆的进门口以后有一长的柜台,上边有两个水笼头,一个管做好的咖啡,一个管热牛奶,客人站在柜台外边向他要咖啡牛奶时,他就把每个水笼头开开,就有一杯咖啡牛奶,当时的价钱大约是二十生丁一杯;另外在柜台上放有不少份小面包,你吃多少照价钱算,这是专门为学生、商人忙迫不得坐下吃用的,这一种不必付小帐,至于坐下吃者必须照付。尼斯旅馆的后门临着田间圣母寺街（Rue de Notre Dame des Champs），这条街西面通到拉斯巴邑大街（Bd Raspail），东面通到卢森堡前面的小公园。

现在我住的尼斯旅馆比较离巴黎大学远，虽然有电车可通，但是我很少坐，我多半是步行穿过卢森堡公园，这公园是巴黎最美丽的一个，游人不少，公园的北部是一所宫殿，是亨利第四（Henri IV）的王后玛琍（Marie de Médicis）所修建的，这时亨利第四的儿子路易十三方在幼小，玛琍王后掌摄政权，也就是厉氏里约的同时。宫前面有一片草地，中有一个大水池，很多的法国儿童在那里放小船游戏。另外园中有不少处有名人的石像，而在水池之四面，环绕立着法国历代王后的石像。这座卢森堡宫现在改为法国上议院的议场。出了卢森堡公园的东门穿过圣米赛勒大街就到了众神庙（Panthéon），这是路易十五晚年所建立的，原来是为迁葬圣埃俄维爱屋（Ste Geneviève）的坟墓，再修建一所大教堂。但是到了法国大革命爆发以后，革命党人就将它改称众神庙，为埋葬有勋劳于国家的人，米拉布是第一个埋葬在里边的人。后来的人思想改变了，又把他迁到旁处，现在埋葬在地下室的大半是著名的文学家，如卢骚、服尔德、嚣俄、左拉等。众神庙中有很多的壁画，皆是近代名画家的手笔，屋上圆顶有石阶四百二十五级可登，可以望见巴黎全部的风景，这也是赛纳河左岸最高的地方，众神庙的北边就是巴黎大学，中间只隔着一条小街，所以由尼斯旅馆步行穿过卢森堡公园极为方便。

众神庙的后边就是圣埃俄维爱屋图书馆，共有两层楼，上层是普通阅览室,下层是善本阅览室,它是巴黎四大图书馆之一。其他三所最大的是国立图书馆,藏书最多,在一九一三年它的普通藏书已经超过三百几万册,地图有五十万件,手钞本有十一万余册,另一个是玛乍兰(Mazarin)图书馆,还有一个海军船坞(Arsenal)图书馆。这些图书馆皆不收阅览费用,只有国立图书馆的善本部,须由阅览人的使馆用函介绍,方能得到允许证,中国书籍及伯希和由敦煌搬去的写本皆藏在那里,这些书全在善本部的楼上。

就住在尼斯旅馆的时代,我认识了徐旭生(炳昶)先生,他是同学中同我最要好的一个,在巴黎大学文科学哲学,后来他也在北京大学任教授,并在国立北平研究院任史学研究所所长。他住在众神庙的左近的都尔恩佛街(Rue Tournefort),晚上常到我的旅馆中谈天,他很喜欢讨论世界上的事物的可知及绝对不能知的问题,我的意见是各种事物只有相对的可知而没有绝对的可知。另外同学中有一位王来庭(凤仪)先生,他是陕西人,学法科,精通英法德三国语言,他后来得到了巴黎大学的法学硕士,然后又到瑞士去,在那里得到了法学博士。他有一个特别嗜好,就是在他旅馆里自备了一个煮咖啡的炉子,每天他以咖啡代茶饮,朋友去了他亦必定煮几杯咖啡送朋友吃。旭生曾问过他年龄,但是他总藉口不说实话,据旭生猜想,他的年龄总超过旭生。他曾考过秀才,并在革命的时候曾担任过陕西都督府的外交科长,于右任院长甚钦佩他,后来在南京时曾请他担任审计部次长,他宁肯做北平中法大学教授而不肯南下。在北平我曾问过他这件事,他笑而不答。他的中文书法也甚好,记得在抗日战争以前曾为徐旭生先生写过一件行书的横披。七七事变的时候他正回到陕西故乡,可是到了开学的时候,他反而突然回到北平,大家问起他来,他回答说:“不愿耽误学校的功课,应当回来的。”他为人的负责任如此。因为他夫人常常有病不能到北平来,他一个人永远住在北平公寓,没有人照顾他,所以有一天晚上他手拉着电灯开关无意的触电而死,这是一件很悲惨的事。王来庭先生可说是一位奇人。

当时巴黎报纸可以分成几类,一类如《晨报》、《日报》、《小日报》、《小巴黎人报》,《巴黎午报》及《巴黎晚报》皆是商业性的,而无党派的分别。另外有《菲加罗报》是极右派的报纸,他的总主笔是都德,他是以写著名的小说《礼拜一的故事》及《小物件》等书出名的。都德的侄子,以王党复辟派自居,另外《时报》及《讨论报》也是偏右的,而《人民报》是极左派的报纸,它的创办人是若莱斯。在第一次大战方起的时候法国政府怕他反对总动员就将他刺杀了,但是这完全是误会,若莱斯虽偏左,但他也是很爱国家的,并不会反对总动员。另外有一个报叫做《正统报》,是正统社会党的机关报。此外更有一报为克莱蒙梭独有的,这个报本名叫《自由人报》。克莱蒙梭同朴荫开雷争总统而未得,而且他知道朴荫开雷做了总统以后,绝对不会请他出阁,他就将他报名称改为《枷锁人报》。后来法国战势日渐失败,朴荫开雷总统只好请他出来组阁兼陆军部长,于是他的抱负大能发展,就又改回叫《自由人报》,这是第一次世界大战史中一段小插曲。

　　这是巴黎报纸中重要的报纸，至于各州皆有当地的报纸，但是销路不如巴黎报纸大。

　　这时间与我长往来的尚有陈孟钊（和铣）、戴毅夫（修骏），他们两人皆是法科的学生，陈孟钊并且兼在政治专校读书，后来他们皆得到法学博士。这时间留法的中国学生大约有两百多人，中国工人有几千人，大多数是在战争以后临时在中国招募的。至于留法勤工俭学会，是在战争完毕以后方才组织的，彼时将有大批的学生往法国去，数目将在一两千人，这是后来的事情，现在暂且不提。

旅法杂忆（四）

一、从巴黎屡次被轰炸说起

一九一八年三月初巴黎大学方放春假，我这时住到蒙巴尔那斯大街尼斯旅馆五层楼上，这一阵德国的飞船常来法国夜间轰炸，我有时间就躲避到楼下层的地室中，这是女房东躲避轰炸的地下室。我记得开始的时间是在寒假，因为这时宗侃弟也自学校回来住在旅馆中，有时在旅馆的大门内躲避，这是旅馆女主人的妹夫所提倡的，他说轰炸的时候会引起火灾，离门近容易逃走。有一次正在街上遇见警报，我就逃到欧带庸地道车车站中。因为巴黎的地道车深入地下数十公尺，是很好的避难所，遇有警报的时候，地道车就停止行驶，并将电路割断。因为地道车的电路是在车底下的钢轨上面，所以在这个时候，人们常常在地道车道上散步。我记得这一次碰见了同学王尚济君，他后来考得了数学博士，同我同时在北京大学担任教授，他是何乐夫同魏建功两君的岳父，他的两位女公子皆是世界社在北平所办的孔德中学毕业，颇善写白话文，何君是研究校勘学的，他曾校勘过若干种老子的版本，魏君现在在共产党的北京大学担任中文系主任。

王尚济先生数学甚为高深,他是我们留法同学年纪最长的一个,但可惜的是他在民国二十几年就病故了。

反回来我再说三月间的事,我习惯在上午七点钟起床,这天也在七点钟醒了,因想到学校放假,不如多睡些时候,睡了若干时忽然听见警报汽笛大响,遂被惊醒,看表则已经九点多钟。平常警报总在夜晚间,这天突然这么早,也觉得怪异。巴黎在一九一七年尚用救火车为警报,到了下半年方才改用警报的电笛,就是现在台湾所用的这种,我就赶紧穿了衣服逃亡。距离旅馆不太远的铜狮子地道车站看见椅子上同上下车的楼梯上皆坐满了人,直到十二点钟已过警报尚未解除,而我因为尚未进早餐,遂出地道车站在商店中买一包蜜饯无花果回到地道车站中少食。但是又等了很久已经下午两点钟了,警报仍旧未解除,我只好出来回到旅馆,路上男女行人甚多,这天天晴,空中无云,仰望亦无所见,这就是巴黎白天被轰炸的头一天。到了傍晚,我到圣米赛勒广场(Place St. Michel)去晚餐,这家饭铺是有定价餐,法国餐馆大约分两种,一种是定价餐,普通是一佛郎二十五生丁,有的最高两个佛郎,另一种是随意点菜的,价钱较贵,我这两年总吃这家一佛郎二十五生丁的饭。地点固然离我的旅馆甚远,但离巴黎大学尚近,虽然有电车可坐,但是我是行的,并且常穿过卢森堡公园。这一年我逛这公园次数最多,就在这晚间在路上买到了当日的晚报,巴黎的报纸皆由售报亭出售,所以购买很方便,我在法国没有定阅过报纸,全是零买的,关于白天警报的事,晚报上揣测甚多。有人说警报来了以后,法国空军就飞空中去视察，但是始终没有看见敌人的飞机，并且他们注意每十分钟落弹一枚，甚有规则，又不像是飞机投掷的。又有人以为德国的飞机飞程甚高，而飞机上携有炮，用炮发弹，所以炮弹按时落地，而空中反不见飞机。这时真是巷议纷纭，莫衷一是。到了第二天的晨报上方明白了这件事的真相。据巴黎市立化学研究所，将落地的炮弹碎片，加以分析研究，证明这确是炮弹，而不是炸弹。后来法国又派了空军顺着声音去追寻，发现这一个远射程炮，位置在离巴黎一百二十公里的森林中。它白天发炮的时候，用电力同时在前线发射几十尊炮，用火光以掩避这长射程炮的火光。它为什么只有白天能发射，就是因为火光甚烈，夜间能引起法国人的注意；又因为这个炮构造甚为特别，发射过久恐怕引起炮身的炸裂，所以只能每十分钟发一炮。这实在是后来飞弹的前身，不过彼时只能射到一百二十公里，而现代的飞弹的射程是由五百公里至一千五百公里，大大的进步而已，原则上总是这一套。据战后法国人的调查，这个炮的设计甚为精制，不只射出的炮弹没有一个不炸裂，而且在发射出数百个炮弹皆落在巴黎的城圈里面。法国人既然知道了炮的大概部位以后，就用炮队的全力向这门炮攻击，居然被他们击毁了，所以中间有两个礼拜未见这种炮力的威风。后来德国人又做了第二尊炮，仍旧使用！直到法国人采取进攻的时候，德国人就把这两门炮销毁，以免联军获得他们造炮的方式。后来在第二次世界大战中希特勒制造 V一、V 二来扰乱英国，就是仍旧用这个图样。

　　当然这种远射程炮弹困扰了巴黎好几个月，最厉害的几次是在一九一八年三月二十九日下午三点多钟左右,在巴黎市政府左近一个老教堂,是十五世纪建成的,它是以唱圣歌著名。这一天正是"圣星期五",很多的人在那里听圣歌,就在下午三点钟左右,一个长射程的炮弹射中了它那古旧的屋顶,于是屋顶塌下,信徒中有六十人死亡,有六十八人受伤。又离那里不太远在利失里街(Rue Riveli),同年被一个炮弹炸毁一个煤气管子,因而发生了大火。又在巴黎北部有座七层楼被炸,炮弹全穿到底,这些足证明它的威力。

二、往都尔避难

因为巴黎夜里被飞船轰炸，白天有远射炮轰炸，我就搬往都尔城。这是比蒙达邑大得多的一个城市，它是安得尔及卢瓦尔州(Indreet Loirl)的首府，它是在巴黎同大西洋海岸的中间，距离前线甚远，世界社印刷局前两年已经由巴黎近郊搬到这里。因为有安得尔及卢瓦尔两河经过，所以州名就以两河之名称之。都尔固然没有大学，但有医预科专校，有市政府图书馆及博物馆，有地方法院、警察署及宪兵队。我们去的时候美国军官住在这里不少，所以旅馆拥挤不堪。在第一次世界大战前，去法国旅行的并不要护照，我们初到法国的时候，只是到中国公使馆领到一张国籍证明书。到了世界大战发生以后，才以国籍证明书去市政府领居住证明书。居住证明书是一小册子，前面贴有相片及写明国籍、年龄、职业等，并现在的住址，以后每次换一住址，必须到该管区派出所去报出或报进。我是到巴黎后领到居住证明书，这次要往都尔，就跑到尼斯旅馆后面一条街田间圣母寺街的派出所去报迁出，到了都尔以后再去派出所报迁进，每次迁移必须如此,这比以前的手续麻烦多了。到了都尔以后,恰巧齐云青回到巴黎来了,他是同李晓生(广平)先生同住,他们两人共同管理印刷局。李晓生是留英国的学生,民国初年曾任南京总统府秘书,在国民政府时代他曾做过立法院秘书,现在他已经七十多岁了,闲住在九龙的新界。那一天他就招待我住在楼下齐云青的房中,我住了两天就仍回到巴黎。但是巴黎情形并没有改善,轰炸如故。过了两天宗侃弟也来到巴黎,我就决定迁居都尔,这次是同徐旭生、汪申伯两先生及宗侃弟同行。我租了一间房子在人家的后院中,白天我就到印字局去,印字局是附设在法国的一个印刷局中,由世界社搬来一套中文铜模,齐云青同李晓生管排版,印刷就由法国工人管理。当时中文的业务并不多,只印《旅欧杂志》及《华工杂志》。法国的印刷局,除了印地方报纸(La Dépeche)以外,多半印的是艺术风景明信片,我也曾到他们楼下参观过,方才知道巴黎所出售的这类明信片,大部分是在都尔印刷的,都尔是这类明信片印刷的集中地。我们午晚两餐皆在一家居家旅馆中包用,就在这时期我同徐旭生、齐云青及舍弟同游距离都尔两小时的火车的安包义斯(Amboise)旧宫,它也在卢瓦尔河河边,它是法王查理第八世(Charle VIII)居住的地方。他生在宫中,也因为骑马头碰在宫门上受伤而死,游逛的时候向导的人尚指着门上端给我们看。那天方赶上下雨,我们没有坐火车步行而去,这是卢瓦尔河上有名的旧宫之一,沿着拉瓦尔河以都尔为中心,旧宫甚多,为法国有名胜的地方。我们路上经过了一个中国式的塔名叫鸡鸣塔,高有五层,我们曾登上去避雨。

逛完了旧宫，天已经日落，我们就乘火车返回都尔，这一天游兴甚浓，但也甚为疲倦。

住在都尔的时间，徐旭生先生努力的作了一本书叫做《教育刍言》，他是一边写一边自己排版，并且用小印刷机在楼上自己印，这是部自给自足完成的一部著作，里边对教育有若干意见，尤其对中国字的改革有不少宝贵的意见。徐先生认为中国字的原则在于形声，一边用部首以代表形，另一方面用声音来代表声，他认为这种方法若加以改良，可以变成世界上最有效的文字。我们吃饭的时间大部分谈的是这问题。他想一方面维持着部首的形，另一方面用注音符号来代替声，但是中间遇见了一些困难，就是有同音的字，比如梅花的梅同门楣的楣皆以木字为偏旁，而声音又相同，若音符的每同眉皆用注音符号来代替有混为一字的毛病，当时我们想过许久，认为无法解决。但是我现在想起来并不如是困难，第一是同音同形的字并不像我们想像的那么多，第二也可用调号解决，所以我现在想徐旭生这办法尚可行得通的，并且我想中国文字用这方法来改良比用罗马字拼音好得多了。固然打字比用罗马字复杂，但是比现在的中国字就简单多了。我现在再提出这问题以供教育界的参考，我并且再声明这是徐旭生先生的创建，我只是赞助的地位，不敢掠美为己有。

三、往法国西南新各城

住到暑假完开学，徐先生就回到巴黎，后来他又到诺曼第海边去避暑，我也到法国中部去。我先到黎莫日（Limoge），这是在距巴黎四百公里的大城，它有将近十万人口，以出产瓷器著名，并有个瓷器博物馆。我是访同学徐海帆兄（廷瑚），他住在那里已经很久，这并以酿苹果酒著名，他陪我到乡间的苹果酒厂喝新酿的苹果酒。我住了有半个月就更往东旅行，到了法国中部克赖蒙，这是中部的一个大城，有十一万余人口，在那里等宗侃弟，因为在开学的时间，他已经回到莫兰中学，现在到了放暑假，我就约他来此地会面。本来克赖蒙是一个生活便宜的地方，但是自从美国军队开拔援助欧洲以后，法国就充满了美国人，因此各大城的旅馆就为他们所占据。我们就预备迁往里昂，但是因为那地方闹传染病，我们就改向西南行到了都鲁斯，这是离西班牙不远的一个大城，有大学及专门学校，当时有十来个中国学生住在那里。到了那里以后，就由李润章、潭熙鸿诸兄招待我们。第一个月我们就在市政府对面的一个餐厅吃饭，它是定价的，大约每饭是两个佛郎。就在都尔的时候,法国开始实行面包票的制度,票是每月一大张,每天一小张,印有月日,吃饭的时间必撕下一小张给饭馆或面包铺,方能得到一块面包,每月的面包票颜色不同,以免有人可以调换年月。法国人对面包票的制度并不太严格,比如你在咖啡馆里吃点心,它并不要面包票来代理,并且有的饭馆的茶房也不一定坚持要面包票,假设你是熟的顾客。

到了都鲁斯第二个月我们就自己做饭吃,只是吃炸牛排同面包。我其间患过一次胃病,请了一个医生来看过一次就痊愈,当时一次出诊费是五佛郎,约等于中国两元。我现在想起来是因为当时所吃的饭中没有生菜的原因,大约维他命 B 同维他命 C 皆缺乏,不过我那时间不过二十二岁,方在壮年不太有影响罢了。在这时间美国军队越来越增加,英法联军也已经采取攻势,战局甚为乐观。那时法国各报中皆每天有战局评判,由专家著作,其中两个最有名的就是《时报》及《讨论报》,这两位战时评论专家,战后皆出有专集,仍旧风行一时。各国并出有战时画报,这全是第一次世界大战的史料,再加上战后各国皆出有回忆录,材料丰富异常,后来美国出了一部总目,只是目录就几百页,但是若与第二次世界大战比较仍旧是小巫见大巫。到了十一月初,我们就同到巴黎,那时久已没有轰炸的危险,大约到了九月间,德国的空军已经无力施威了。我先是住在欧带庸剧院左近的旅馆内,两个月后我又搬到学校街路北地球旅馆五层楼上后面的一个小房间,每月租金四十佛郎,对面就是巴黎大学的北门,旁边就是法兰西学院(Collége de France)。说起法兰西学院来，它是创自法王佛郎沙第一的时候，原名王家学院，后来到大革命的时候改成法兰西学院，里边教授皆非常有名，以中国文化及南洋文化而论，那里就有两位大师，一位是伯希和(P. Pelliot)，另一位马伯乐(Marpéro)，马伯乐尤其是历代名家，他的父亲是埃及学的权威，学生去听讲不需要报名注册，也不收学费，完全自由式的。当一九一五年有些位同学离开蒙达邑中学来到巴黎，其中乐氏三弟兄就找寻中学，预备继续读书，因为法兰西学院的"学院"同蒙达邑中学的"中学"两字相同，他们就误会了意，以为这是法兰西中学，就进去听讲，结果是那些老教授们所讲的话，他们可以说听不懂，后来请教旁人方才明白这是法国最高的学府，他们的中学程度尚未齐备，又何能登上这里呢！

　　我又回到巴黎大学听讲，前线是胜利频传，到了十一月十一日，我正听微积分课的时候，到了十一点钟，教书的维西猷先生，他那时只是讲师，"现在十一月十一日十一时到了，前线的炮声全都停止响了，我也可以停止我的讲书"。于是听众一齐鼓掌，这几天巴黎真是举城若狂，街上很多不相识的人跳舞，想起五十二个月的战时经过，欢喜得要把他忘了。

故宫博物院回忆录

一、溥仪出宫的详情

民国十三年十一月初五日是一个可以纪念的日子,因为自这天起,多少年为清室所掌握的文物初次又归还为国家所有。这批文物固然一部分由清代诸帝所收集,但是至少其中的一部分是经由宋、元、明而传到清代的。虽然王国维曾说,清宫的古物皆为清代诸帝所收集,明代所藏的古物早已经李自成的掠夺及焚毁而失落。他并且引吴梅村的一句诗为证,大意是说:"当时北平摆地摊的多半卖的是明宫的古物。"其实这是王氏的强词夺理,目的在证明清人入关以后,明宫里的一切古物皆已一扫而空。不知我们若细研究,不只明宫遗留下若干古物,就是北南宋的宝藏亦转由元而明而至清宫。毕良史亦得古器十五种于盱眙榷场,上之秘府,其中八种亦《博古图》中物也。《建炎以来系年要录》云:"绍兴十五年以毕良史知盱眙军。"按《三朝北盟会编》谓良史以买卖书画古器得幸于思陵,则良史之知盱眙当由高宗使之访求榷场古器耳(王国维《观堂集林》卷十八《书宣和博古图后》),则南宋内府文物有一部分是由北宋转来的。比如元朝翰林国史院所藏的图籍，皆由元人从临安海运而至北平。并且当时董文炳主临安留守事说："国可亡，但史不可灭。"遂将南宋十一朝实录及起居注等，北运至燕京。这事是见于记载。我想元人搬运南宋的古物必亦在同时，所以清宫里面有一部分古物是由北南宋辗转而传至清朝的。所以我认为十三年十一月初五日是一个足可纪念的日子，它的意义不亚于双十节。双十节这天是清室让出政权的日期，而十一月初五日是清室将文物的所有权归还给民国。

当时交涉溥仪出宫的情形，各报所载多不太详细，因为当时交涉这件事的人，只有京师警察总监张玉衡、京师卫戍总司令鹿瑞伯钟麟及家叔李石曾先生三人。故外人当时不在场因而多想像其情景。我曾于民国廿年九月下半月为此特别访问张玉衡先生于他的杨梅新斜街住所楼上，最近在台湾并先后与家叔及徐次辰（永昌）先生加以印证，综合他们的谈话以成此篇。

据张玉衡先生说：民国十三年十一月初四晚八点钟，冯焕章忽然打电话来召他及鹿瑞伯同往旃坛寺，有话面谈。（按冯任陆军检阅使时即以旃坛寺为其办公处。这次班师以后，国民革命军总司令部仍在此处。旃坛寺在西安门外，其街即名旃坛寺夹道。）时鹿瑞伯患感冒，故张独往。及见焕章，他就说："平常常谈的那一件事情，现在可以办理。"张初不解其意，为之愕然。焕章看见他的状态，就又说："就是那个小孩子的事。"张即问彼应如何办理。他说："汝同瑞伯便宜行事可也。"张又回答说："这件事过于重大，应当由内阁下命令方好，否则由卫戍司令部及警察厅自行办理,恐怕引起外人的误会。"焕章说:"好好,汝立刻就去访黄膺伯。"张当晚即往见膺伯,告诉他这件事。膺伯立刻就召集内阁会议,张亦列席。议决修改清室优待条件五条,交卫戍司令及警察总监执行。及散会,时已夜半。张又至天安门内鹿瑞伯处(按当时卫戍司令部在天安门内两廊办公,瑞伯亦住其处),告以此事,并将命令留给他,又各发命令予保安队、警察及卫戍司令部所辖兵士。此出宫前一天的情形也。

次日初五早八点钟,张至瑞伯处,瑞伯曰:"就是我们两个人进去吗?"张曰:"是。"瑞伯曰:"只有我们两个人似乎不甚妥当。"张曰:"你莫非怕处于嫌疑地位? 恐怕外人造谣,欲旁人来作证?"瑞伯曰:"就是为此。"张曰:"请许多人来一时在事实上做不到,只好请北京人所信仰的一两个人作证人,比如李石曾先生者。"(按驱逐溥仪出宫乃李石曾先生及一部分学术界人所主张者。且北苑会议曾请李先生做教育总长,李先生虽未答应,但国民革命军诸人对他素熟习,他且曾与他们平常谈过溥仪出宫的事。据他自己说,在最近的时候亦与黄膺伯谈到,所以张玉衡在拟议中想到他。)瑞伯亦表示赞成。乃用电话约李先生来天安门,告诉他请他作证的意思。李先生慨然应允,乃同入宫。时已九点钟矣。张等已调保安队两队及军士多名分布于神武门外。当时守卫故宫外之护军已调往北苑改编,景山已换国民革命军驻守。(清室护军大约共有一百廿名左右,平常驻守神武门护城河营房中。)

至神武门张等率警察四十余名,军士廿余名,步行由西筒子而入。(按宫中由神武门至隆宗门、景运门有两条通达的小路，不经过内朝者，名曰西筒子东筒子，其名称由来已古，见于《翁文恭日记》。西筒子系经由英华殿旁，绕春华门前而至隆宗门之路，东筒子较无曲折，傍宁寿宫直到景运门。)未到隆宗门即遇内务府之绍英、耆龄、荣源、宝熙四人，衣冠走出。盖溥仪以护军被调走颇为惊慌，故召他们入内讨论。绍英等对张等说："诸君之来，必有缘故，请入我们的他坦坐谈何如？"(按他坦是满洲语的译音，义为办公以后休息之处，此处内务府他坦在隆宗门外北面尽西头之木板屋。后为鹿部下之段营副住室。)大家坐定后，张等就拿出阁令给他们看。绍英说："实在说起来，旧的优待条件大而无当，甚难于实行，不如缩小范围，执行上当较容易，想上头必无不赞成之意，但需容我们进内一商。"绍英等遂入隆宗门而去。

半点钟后同回来说："赞成，但迁往颐和园，需加修理，不是仓促所能办到的事，需容其三个月。"张曰："三个月太长了，实在说吧，这事的主动既非我们亦非内阁，实因你们的皇上处现在的时势而享有特权，俨然在宫内做皇帝，颇为新潮流所不能容忍。教育界及军人皆不以你们为然，要求我们这样办理。我们实在是一番好意，请你们出宫以免发生意外之事，否则人情如此汹汹，我们不能担负保卫的责任。你们不见李先生在此吗？他可以证明我所说的话不假。"以后李先生亦说了若干话，并且说："今天的事情，非今天解决不可，外面情形实在如此，并且若不解决，张鹿两位亦难交令。"于是绍英等四人又第二次入内，许久方才出来,说:"三个月搬家可以改为一个月。"张等坚持不可,荣源就说:"小户人家搬家尚且需几天,何况这种特别的局面。"张曰:"为其特别,非小户可比,所以非立刻搬家不可。"这时鹿瑞伯亦发怒曰:"方才已经说过,外面情形甚为不稳,如果今天不搬家,我即将军队撤开,荣先生敢担保不发生意外的变故么?至于我,我则绝对不敢负责任。"绍英等见鹿瑞伯发怒,即将一个月减为十天。绍英等又说:"瑾妃此后需要下葬,而瑜妃、瑨妃现在誓死不肯出宫,需慢慢劝解,这皆非立刻就能做到的事,所以搬家需较长的限期。"(瑜妃、瑨妃皆是穆宗的老妃,当时年龄皆在七十以上。)张等说:"这些事皆可缓办,只要你们的皇上一旦出宫,群情自然缓和,其余的事不妨慢慢商量。"

于是绍英等又第三次入内商量,出来回答张等说:"收拾物件需三天可以完毕,到彼时方才可以搬家。"这时李先生就说:"物品不必收拾,并且有关历史的文物,以不搬走为是,因系国宝不应该归一人一姓。你们今天出去后,只需将没有职守的太监开去,各宫殿仍由原管理人管理,并且加以封条,以专责成。"李先生这句话初次谭及文物,这对于后来的故宫博物院有很大的关系,因为当初张玉衡及鹿瑞伯始终注意令溥仪即日出宫,而未想到关于文物的处置,经李先生这句话提醒,方才明白要办的事不只令溥仪出宫,而且更关系文物的处置。张鹿皆亟力赞成。这时已经争辩了许久,已是下午三点多钟。以前溥仪曾以电话通知摄政王载沣,至是他乘坐二人肩舆而来,直入隆宗门。他此来或能促进溥仪的出宫,因为他进神武门时,看见许多军警围守故宫,他恐怕对溥仪不利,所以沿路屡问太监等溥仪是否平安,亦因此他力劝溥仪出宫。绍英等四人见摄政王进内亦随着进去,他们会商了大约一点钟之久,出来说:"立刻即出宫,往住北府。"(按宫中习惯称摄政王府为北府,因为在德胜门城墙左近。)这才算溥仪出宫的问题解决。于是张鹿等三人乃出候于顺贞门,这时已经五点钟。(按顺贞门是对着神武门,入宫必经过之路,门在御花园之北。)未几,看见溥仪及他的后妃,后面跟随宫女太监多人,最后是绍英等四人,最后面是摄政王,步行由御花园而出。溥仪皇后及妃、宫女、太监等手中各拿着一个小包,有的用布包的,有的用手巾包的,大概皆是珠宝之属,而不是衣服(按现在宫中所藏珠宝的精品甚少,除大批早已由溥仪抵押给盐业银行以外,皆随这些手巾包而出宫矣)。绍英等介绍张等与溥仪相见,各握手,又介绍载沣,乃各登车,鹿瑞伯一车在最前,后为溥仪及绍英一车,他的皇后等一车,载沣等一车随着,张玉衡的车最后。到了醇王府,溥仪又同大家握手。载沣又慎重地询问溥仪的保护问题,鹿瑞伯说:"不成问题,警察已经派来,立刻就到。"张璧等乃再会同绍英等入宫,巡视各宫殿,并到交泰殿拿走玉玺两颗。按交泰殿共藏有玉玺廿五颗,拿走的两颗一是"皇帝之玺"及"宣统之宝",张鹿等就再到国务院,将两颗玉玺交黄膺伯封存,以表示已将清宫政权拿来,他们并到冯焕章处报告。这一天自早八点钟起至晚八点钟方毕,在宫中两餐皆购买烧饼及热汤面果腹,李先生不吃荤仅以咸菜烧饼充饥。这一次交涉中旗人发言最多者为绍英与耆龄,荣源较次,宝熙则始终默无一言。

初六日溥仪又以电话约张玉衡及鹿瑞伯至北府,坐在一圆桌前,张玉衡坐上边,鹿瑞伯次座,载沣末座,在桌子的另一面溥仪独坐,载涛则立在溥仪旁边,耆龄等远远侍立。溥仪对耆龄等说:"大哥,到了今天还闹这个作甚么? 大家都坐下吧。"耆龄听了甚为慌恐。载涛说:"我看大家都坐下吧。"于是辈分较溥仪尊者皆坐下,余仍侍立。溥仪于是说明请张等来的意思,因为他听见北京的学生们将包围摄政王府,甚感恐慌,请张鹿等保护。张鹿等皆力安慰他。鹿瑞伯并且立刻电话召集军队来,保护北府。此时溥仪态度尚甚好,等到段祺瑞到京后,就起了变化。

附录修正的优待条件五条如下:

第一条:大清宣统帝从即日起永远废除皇帝尊号,与中华民国国民在法律上享有同等一切之权利。

第二条:自本条件修正后,民国政府每年补助清室家用五十万元。并特支出二百万元,开办北京贫民工厂,尽先收用旗籍贫民。

第三条:清室应按照原优待条件第三条即日移出宫禁,以后得自由选择住居,但民国政府仍负保护责任。

第四条:清室之宗庙陵寝永远奉祀,由民国酌设卫兵,妥为保卫。

第五条:清室私产归清室完全享有,民国政府当特别保护,其一切公产,应归民国政府所有。

国务院关于故宫的事曾发过两次电报,第一次是歌电,文如下:

(衔略)民国建国,十有三年,清室仍居故宫,于原订优待条件第三条,迄未履行,致民国首都之中,尚存有皇帝之遗制,实于国体民情,多所抵触。爰于十一月五日,与清室溥仪商订修正优待条件,其文曰:今因大清皇帝欲贯彻五族共和之精神,不愿违反民国各种制度仍存于今日,特将清室优待条件修正如后(第一条至五条已见院令不赘)。商订定毕,溥仪已于本日移出宫禁,政府已令行长官妥为保护。特此电闻。国务院歌印。

第二次是庚电,文如下:

(衔略)慨自晚清逊政,共和告成,五族人民,咸归平等。曩年优待条件之订,原所以酬谢逊清。然今时务所趋,隐患潜伏,对此畸形之政象,竟有不得不量予修正以卒其德者。诚以北京为政治策源之地,而宫禁又适居都会中心,今名为共和而首都中心之区,不能树立国旗,依然沿用帝号,中外观国之流,靡不列为笑柄。且闻溥仪秉性聪明,平日恒言愿为民国一公民,不愿为禁宫一废帝。盖其感于新世潮流,时戚戚然以己身之地位为虑。近自财库空虚,支应不继,竭蹶之痛,益伤其身。故当日百政刷新之会,得两方同意,以从事于优待条件之修正。自移居后海,并饬由军警妥密保护,从此五族一体,阶级尽除,其基础固如磐石。而在溥仪方面,既得自由向学之机,复苏作茧自缚之困,异日造就既深,自得以公民资格,宣勤民国。用意之深,人所共喻。缅惟荩虑,定荷赞同。至于清室财产,业经奉令由国务院聘请公正耆绅会同清室近支人员,共组一委员会,将所有物件分别公私,妥为处置。其应归公有者,拟一一编号交存于国立图书馆博物院中,俾垂久远,而昭大信,并以表彰逊清之遗惠于无穷。恐远道传闻,有违事实,特电布闻,敬祈照察。院庚印。

二、我与北大及北大研究所国学门的关系

我与清室善后委员会的关系，是由于北京大学国学门研究所主任沈兼士先生的推荐。所以我必须要说明我与北京大学及北京大学所属研究所国学门的关系。北京大学校长蔡孑民世丈是先祖文正公的朝殿门生，并且与家叔石曾先生在欧洲时间亦为至好的朋友，所以舍间与蔡府上的关系由来已远。但是我初次见蔡世丈是在民国元年四月在北京教育部，后来我在法国蒙达邑中学读书的时候，蔡世丈亦曾来过学校，到了民国四年我们曾到法国西部的大西洋上一个小岛上同蔡世丈一家度暑假，后来我又同他借正史中的几篇列传，他那时住在法国西南部的都鲁斯(Toulouse)，这地方离西班牙很近，他就将一包书寄给我。这时我方才明白他对于二十四史重分类的办法，那是竹简斋石印本的二十四史，他把各朝代混在一起按类分别制订成册，比如汉代的宰相同历朝的宰相合装为一册，各儒林传合装为一册，大体上等如郑樵《通志》中的列传。我藉此以明白蔡世丈的读书方法之一。在民国十年我第一次回国，那是在暑假期中，乘的是法

国邮船 ANDRÉLEBON 号，我们是住二等舱，二等中有大房间和小房间，大房间中五个铺位，小房间两个，我们同舱者共四人，另一法国人在西贡下船。除我以外为王雪艇（世杰）、李仲揆（四光）、皮皓白（宗石）三位先生，皆是北大请回来做教授的。到了上海就有杨端六及丁巽甫二位先生来接，遂同往一家纺织厂的宿舍。端六这时住在上海，在商务印书馆编辑所做事，他同巽甫皆是留英国的学生，而曾经到过法国的，所以我在巴黎就认识他们。巽甫当时已经在北大任教授，这次是专为接雪艇他们三位来的，因为他不知道我也回国，所以他预备的寄宿舍床位不够，他就同我到三马路的一品香旅馆，同住一个房间，第二天早晨我就乘津浦通车往天津。那时父母住在英租界仁义里，四弟惠季（宗侨）在南开中学读书。那天他正在巷子口站立，我在家住了两天，就到北京去，因为祖母及大伯母那时仍住在北京丞相胡同的后半段房子，前半段是租给晨报馆了。这一段期间有时回天津，但在北京的时间较多，在天津的时间较少。我并且向徐旭生（炳昶）先生等组织了一个法文翻译社，意在翻译法国文学方面的书，当时推北大校长蔡子民世丈为会长，彼时旭生亦在北大哲学系任教授。到民国十年春间叔陶（宗侃）弟亦从法国回国，预备回家一看，然后再和我一同往法国。再到了巴黎以后，我特别注意研究文史方面。这一年，看的戏剧特别多，有古典派的，也有近代的。另外也常游观博物馆及档案馆，也是在这一年初次认识伯希和（P. Pelliot）及葛兰言（M. Granet）二位著名的汉学家。伯希和是有一天当我在法国国立图书馆看书遇见他的，而葛兰言我则上过两堂他讲的《左传》课。我本来预备以《左传》研究的题目同他预备博士论文,后来因为家中催我回国而作罢。

这中间我曾往德国。我那时已经补上直隶省官费,因为当时德国马克贬值,我们身上带的钱是佛郎,每天早晨到火车站或银行去兑换要用的马克,因为第二天马克的价格必定更低落。到了十月间又回到法国,因为李书华(润章)先生读完博士学位回国,我赶回去送他。

第二年我又到过一次德国,忽然接到一封家信,说我的四弟宗侨(惠季)病故,催我赶急回国。因此我在暑假前同戴修骏(毅夫)、王祖榘(子方)乘法国邮船回国。这时国立北京大学已经聘请我为法文系教授,途中曾遇见蔡子民世丈全家往法国。

到了北京,法文系主任是李景忠,他对我这初教书的人所排的课既多且重,每门全需特别预备。就在这个时候,我初认识沈兼士先生,他是北大国学门研究所的主任。本来蔡世丈欲设立北大研究所,但是只成立了国学一门,就在北大第三院的楼上。因为他常同他谈关于考古及整理档案的事,沈主任甚引我为同调。我同他所谈的考古的事,就是后来在《古史辨》中发表的写给顾颉刚先生的信。原信附录于后:

《古史问题的唯一解决方法》

(十三、十二、二七、《现代评论》一卷三期)

研究历史已是件难事,研究古史更是难上加难。我国人素来懒于动笔,所以关于近代的史料,比起欧西各国来已经算少了。加以古代世既辽远，史料真伪揉杂，研究起来，较之欧西古史似乎更难了。近来顾颉刚钱玄同诸先生审别史料，将东周至于今对于古代的错点指穿，于古史研究尽力真算不少！但现在这个问题是否算是解决？还是必须有待？这也是关心古史研究的所欲知的。

研究前人的往迹，所可藉的材料约分二种：曰载记，曰遗作品。第一类包括一切纸片的记载。近人研究古史所用的证据皆属于这一类。古代载籍去今既远，展转抄刻，错误愈多。何况中间更有人伪造呢！在用史证以前，分别真伪是件不可免的要务。前清以来，学者对于这节甚为注意，颇有重要的发现。但是我对于真伪书籍之辨颇觉怀疑。作伪的人去古比我们为近。他们所见的古书，如果我不敢说绝对比我们见的多，至少可以说他们所见的各种有与我们所见的不同。那么，他们所造伪本的全体虽然不是古人的原样，若分段看起来，也许有一两段真是古人的。或者其语出自古某人，但其意则"断章取意"。或其语虽非古人原文，其意则系古人的。我们设再前进一步讲。造伪的人是否受了一种暗示？若然，则所谓某时代如此如此虽不尽然，但与某时代有关而为造伪者所可闻见的或系如此。那么，这类记载虽不足供作研究某时代的材料，但颇可为研究某时代有关的材料。譬如所谓夏礼如此，商礼如此，虽不必尽实，或系受杞礼宋礼的暗示，由于杞夏宋商的关系而涉想到礼的同样。供作夏商的史料固然不可，却可作研究杞宋的材料。

在"伪书"中分出真的，这样的难。反着去看，现在所谓真书又全是真的吗？《论语》一书现在学者多半认为真的。孔子当时的言语总不能这样的简单。弟子们或觉得他话中的一二句说的好，就记在"小板"上了。这样是取其言。取其言多系断章，对于原意有否改变？取其意则所记是种改造的话，与原意是否仍合？这两件皆是甚要紧的问题。果与原意有所改变，虽不能说他是伪书，价值却减少了许多。

这分别真伪的困难既然如此，何者绝对可用作史料，何者绝对的不能用，真是个极难的问题了。所以用载记来证古史，只能得其大概——譬如西周以前的形势与西周时不同，而不能得其详情。顾颉刚刘掞藜两先生所争论的"禹的存在"，两造所引的书籍皆是那两句，实不足以解决这个问题。

载记既不能与"我们"一个圆满的回答，我们只好去问第二种材料，"古人直遗的作品"。

直遗的作品直接出自古人，古人所能看见的，除了缺破以外，我们仍能看见。所以他的价值远非传抄错误、伪作乱真的载记所可比拟。现地中藏品，除为商贾盗发者外，大半尚未发掘。设以科学的方法严密的去发掘，所得的结果必能与古史上甚重大的材料。这种是聚讼多久也不能得到的。所以要想解决古史，唯一的方法就是考古学。我们若想解决这些问题，还要努力向发掘方面走。

　　颉刚回答我的一封信,也登在十四、二、十四、《现代评论》一卷十期,亦登在《古史辨》第一册中。原文如下:

　　　　在本刊第三期中,读到李玄伯先生的《古史问题的唯一解决方法》,非常快乐。李先生说的"用载记来证古史,只能得其大概……要想解决古史,唯一的方法就是考古学;我们若想解决这些问题,还要努力向发掘方面走",确是极正当的方法。我们现在研究古史,所有的考古学上的材料只有彝器文字较为完备,其余真是缺的太多。发掘的事,我们应当极端的注重,应当要求国家筹出款项,并鼓吹富人捐出款项,委托学者团体尽力去做。

　　　　但李先生这句话颇有过尊遗作品而轻视载记的趋向,我还想加上一点修正。我以为无史时代的历史,我们要知道它,固然载记没有一点用处;但在有史时代,它原足以联络种种散乱的遗作品,并弥补它们单调的缺憾,我们只要郑重用它,它的价值决不远在遗作品之下。我们现在讨论的古史,大都在商周以降,已入有史时代,载记的地位已不可一笔抹煞。要讲遗作品直接出于古人,载记何尝尽是后人写的。要讲载记多伪作难以考定,遗作品又岂纯粹无伪作而又易考定呢。所以我觉得我们若是多信一点遗作品,少信一点记载,这是很应当的。

　　　　若说惟有遗作品为可信而载记可以不理,便未免偏心了。推原从前人对于古史专主载记的弊病,只为他们用了圣道王功的见解去看古人,用了信古尊闻的态度去制伏自己的理性,所以结果完全受了谬误的主观的支配,造成许多愈说愈乱的古史。若是他们能够用了客观的态度去做整理的功夫,像他们对于名物训诂一样,他们所得的成绩当然不能菲薄。我们生于今日,初懂得用历史演进的眼光去读古书,初懂得用古人的遗作品去印证古书,乍开了一座广大的园门,满目是新境界,在载记中即已有无数工作可做。依我看,我们现在正应该从载记中研究出一个较可信的古代状况,以备将来从遗作品中整理出古史时的参考。若我们轻易跳过这个阶级,那就失去了研究的基础了。

前年,我们对于古史作过一番汗漫的论辨;承李先生称行,甚为惭感。但李先生似乎看得我们的论辨过于有力了,仿佛我们所讨论的问题已经自许为解决似的。这一点误会我不敢领受。我要在此声明一句,我作这些文字,只是想把我的假设开出一条研究的路;我固然未尝不希冀从我的假设上解决古史,但我深明白从假设到解决不知要费多少日子的研究,在研究中间不知要经过多少次的困难,我决不敢贸贸然想在半年之内所作的几万字中作一个轻率的解决。

李先生说,"载记既不能与我们一个圆满的回答,我们只好去问第二种材料,古人直遗的作品"。我对于这句话,以为在学问的目的上是无疑义的,但在我们的研究工作上则未必便应这般。学问是无穷无尽的,只有比较的近真,决无圆满的解决。另一方面,学问是随时随地可以研究的,材料多固然便于研究,材料少也应把仅有的材料加以整理,不必便尔束手。现在古史问题在载记的研究上刚才开头,面前原有许多路径可走,并不是已经碰住了死胡同里的墙脚,非退出来不可。若说因它终究不能给我们一个圆满的解决,不如把它丢过一旁,专从发掘去求圆满解决,话虽说的痛快,其如眼前放着路不走,反而伸长了头颈去待不知何年可以实现的事业,岂不是与乡下人不去种田单想着触树的兔子的办法相同呢? 语云:"俟河之清,人寿几何!"我们若必等到材料完备而后去作研究的工作,恐怕永远没有工作的日子吧。所以我们在研究的工作上,对于新材料的要求加增,对于旧材料的细心的整理,有同等的重要,应当同时进行,不宜定什么轻重,分什么先后。

下面略去的一段是他自己整理古史的方法,亦就是他在自序中所简略说的:"去年我答李玄伯先生时,说自己愿意担任的工作有两项:一是用故事的眼光解释古史的构成的原因,二是把古今的神话与传说作为系统的叙述。"(《古史辨》第一册,61 页)我这意见远在中央研究院在河南试掘以前。

三、我与办理清室善后委员会的关系

前篇已经讲到溥仪出宫之后,政府要设立一个机构,以分别公产和私产。为这个目的,黄膺伯就设立办理清室善后委员会,初六日就聘请李石曾先生为委员长,但真正设立之日期当以李委员长就职之日算起,就是说由十一月廿日,这天有办理清室善后委员会致国务院函为证。函云:

敬启者,本月六日奉钧院函开清室优待条件业经修正,所有清室善后事宜,亟应组织委员会以资处理,兹谨聘先生担任委员长一席,务希慨允,力膺艰巨,无任翘企等因,本月十四日政府公报复将是项委员会组织条例登载公布。煜瀛即遵于本月二十日就职任事,并刊木质关防一颗,文曰善后委员会章,即日启用,除分函外,理合函报钧院察核备案。谨上国务院。

中华民国十三年十一月二十一日

现在应当回溯到留法的时代,当时除上课以外,现很注意法国的保存古物,更于暇时参观巴黎的各大博物馆,以至于国家档案馆。我记的我游览巴黎最大的国家博物院狼宫博物院(Musee du Louvre)时,我特别喜欢那些埃及、巴比伦、希腊和罗马的古物,而对于画廊中的图画,不过轻轻地一看,这证明我对于绘画的外行。我记的有一年因为留法同学汪申伯(汪申)的一位法文教师的哥哥是当时担任法国的文物与艺术部的次长(按法国在教育部以外,设有文物与艺术部,教育部有部长,文物与艺术部只有次长,但是他的权力与部长相当,亦与教育部部长有同等出席内阁会议的权力,他专主管文物如博物院等,及艺术如剧院等),于是有一天由汪申伯的法文教师先约好,使我们同这位次长相见,这是在旧王宫中(Palais Royal)。我还记的在请教他法国保存古物的条例外,他反问我们中国由何部主管这种事务,当我们告诉他,中国没有类似的文物与艺术部,他就笑着说:"我原来在中国找不到同事。"在此以外我并同汪申、严智开(字季冲,严范孙丈的幼子)等人草拟一种中国保存古物会的章程。

等到民国十二年回到中国以后,担任北大法系的教授,可是我常同同事们谈起保存古物的意见。这时北京大学已经成立了研究所,那时只有一部门就是文史的研究,称为研究所国学门,由沈兼士先生担任主任。我亦同他谈过保存古物的意见,沈先生颇引我为同调,他就请我做研究所国学门的委员。那时委员甚多,如陈援庵、叶浩吾、朱希祖等诸先生皆是。我们也常谈到应当开放清宫使明清两代的史料可以公开研究。因此引起上文所讲到的与王国维的辩论,王先生以为清宫的文物皆是由清帝所收,与明帝无关的议论。彼时顾颉刚亦在研究所国学门中,他正发表《古史辨》,以疑古为中心。我就写了一篇《古史问题的唯一解决方法》,大意是以研究上古史必须根据地下发掘的材料,不能只杖书本上的记载,否则甲用的也是这一句,乙用的也是这一句,只是解释不同,就发生了不同的结论,只有地下的发掘才能有真实的材料。这篇文章先登在《现代评论》中,后又由顾颉刚转载在《古史辨》第一册中,原文已抄入第一编中,兹不赘。那个时间是远在中央研究院发掘以前,沈兼士先生颇以我说为然。

(北苑会议那一天开会的情形,据徐次长(永昌)将军在台北他的永康街寓所对我说:开会时中间设了一个长案,冯玉祥坐在一头,孙岳坐在对面,两边坐着胡景翼、黄郛、鹿钟麟、张璧等,张之江最后至,随他同来的是孙连仲。讨论到教育总长问题,大家公推李石曾,但李先生当时不在场,孙岳说就这样定议,托黄膺伯转达。)

就在十一月初六的清早,沈兼士先生打电话给我,说:"我们常谈的故宫的事,已经实现了,溥仪昨天已经被轰出去,我们现在需商量接收的事,甚盼望你能够帮忙。请你即刻到干面胡同李石曾先生家,大家共同讨论讨论。"这时李先生已内定为办理清室善后委员会的委员长,因为十月十五日北苑会议由国民革命军诸将领公推李石曾先生担任教育总长,李先生当时不在场,就由黄膺伯转达。李先生就说:"我一向不愿担任政治上的甚么名义,教育总长一职我不能做,请另找人。"黄膺伯说:"那是大家的意思，公推出来的。"李先生仍坚辞，黄膺伯就提出两个条件，一请李先生推荐人选，二在黄内阁任内请李先生以在野人士的资格，在社会活动多加以支持。对这些李先生全都答应了。这就是为什么张鹿请李先生加入入宫做证，较后黄膺伯请李先生担任办理清室善后委员会委员长，李先生全都答应的缘故。（后两句话是李先生最近对我亲自说的。）

办理清室善后委员会组织条例

第一条　国务院依据国务会议修正清室优待条件议决案，组织办理清室善后委员会，分别清理清室公产私产及一切善后事宜。

第二条　委员会之组织，委员长一人，由国务总理聘任，委员十四人，由委员长商承国务总理聘任，但得由清室指定五人，监察员六人，由委员公推选任，国务总理得就委员长委员中指定五人为常务委员，执行委员会议决事项，各院部得派一人或二人为助理员，辅助常务委员分办各项事务，委员会得聘请顾问若干人，就有专门学识者选定之，委员长委员监察员助理员及顾问均系名誉职。

第三条　委员会之职务

（甲）清室所管各项财产，先由委员会接收。

（乙）已接收之各项财产或契据，由委员会暂为保管。

（丙）在保管中之各项财产，由委员会审查其属于公私之性质以定收回国有或交还清室，如遇必要时，得指定顾问或助理员若干人审查之。

（丁）俟审查终了，将各项财产分别公私，交付各主管机关及溥仪之后，委员会即行取消。

（戊）监察员负纠察之责，如发现委员会团体或个人有不法情事，随时向相当之机关举发之。

（己）委员会办理事项及清理表册清单，随时报告政府并公布之。

第四条　委员会以六个月为期，如遇必要时得酌量延长之，其长期事业，如图书馆博物馆工厂等，当于清理期内，另组各项筹备机关，于委员会取消后，仍赓续进行。

第五条　委员会办公处所设于旧宫内。

第六条　委员会所需办公费，由财政部筹拨。

第七条　委员监察员助理员之审查规则及议事细则及办事细则均另订之。

第八条　本条例之修正须经委员会多数议定后，呈请国务院公布之。

按在初五日溥仪出宫以后，张、鹿、李三位将玉玺两颗面交国务院，黄总理接受，当时陆军总长李书城亦在座。后来他们又往旃坛寺见冯焕章。在这时间他们与黄冯两个人已经决定了设立办理清室善后委员会，所以初六日李先生就奉到国务院的聘书，请他担任委员长。后来因为国务院在修改委员会的组织大纲，所以迟到十一月廿日方才公布，并公布委员的人名如下，连同委员长共十五人：

汪兆铭（易培基代）、蔡元培（蒋梦麟代）、鹿钟麟、张璧、范源

濂、俞同奎、陈垣、沈兼士、葛文濬、绍英、载润、耆龄、宝熙、罗振玉（自绍英以下五人为清室方面委员）

至监察员一项，除以京师警察厅、高等检察厅、北京教育会为法定监察员外，并由会特聘三人，其姓氏如左：

吴敬恒、张继、庄蕴宽

这个委员会可以说是半官性质，而李先生亟力反对把它组织成一衙门，所以对各委员皆用聘书，不用命令。委员以下另有各部派的助理员，每部有的派二人，有的派四人，不太一致，大约由各部自送津贴。由委员会自行聘任的是顾问，顾问不支薪，支薪者称为事务员，但薪水甚低。顾问中做事最出力者为胡鸣盛君，胡君湖北人，北大毕业，他等于担任出组的事宜（按出组是故宫专用名词，所以十三年十二月廿日议决的清室善后委员会点查清宫物件规则的第二条，就说点察时分组，每组分为执行及监视二部，其职务之分配，临时定之。又第六条说，每组人员派定后于禁内执务前，集聚在办公处签名，并需佩带徽章。又按禁内是指由内右门进内点查的范围，内右门在乾清门之西）。而助理员中亦不乏勤劳者，如司法部参事汤铁樵君即是。

我接到沈兼士先生电话后就往干面胡同，那时已经聚了北京大学的若干同事。当时谈两件事，一件是关于清室善后委员会事，我就与其他的北大研究所国学门的委员们一样，接受了顾问的职务。这一天讨论的另外一件事，就是关于教育总长的事。上文已说到黄膺伯请李先生推荐教育总长的人选，李先生就找到顾孟余，顾孟余也不肯做。他另推荐方由广州来的易寅村，易先生方来北方做孙中山先生的代表，拿着汪精卫的介绍信，来见北方教育界的人，所以顾孟余想到他。但是易先生与北方教育界皆无深长的关系，所以蒋梦麟就提出赞成的交换条件，是以马叙伦为次长。于是这天就由在场的北大同人，写了一封公函致易寅村，推荐马叙伦，后来他答应了，所以马叙伦作了教育次长。

四、外朝与内廷

　　北京城是分为内外城的,内城修建于明永乐年间,外城是到了明嘉靖年间后修的。在内城之中又有两道城,一大一小,小的套在大的里面,大的名为皇城,小的名为紫禁城。皇城的南门曰天安门,北门曰地安门,俗称为后门,东曰东安门,西曰西安门,城墙皆涂上红色。紫禁城的南门曰午门,后曰神武门(原名玄武门,后因避清圣祖讳而改为神武),东曰东华门,西曰西华门,城墙同普通墙用厚砖建成,不涂颜色。午门之内为太和门,其中有太和、中和、保和三殿,东有文华,西有武英两殿,此地所谓外朝也,不过明清两代对于各殿的用途不同,明朝普通上朝皆在太和殿。《日下尊闻录》卷二说:

> 每岁元日、冬至、万寿三大节及大庆典则受贺,凡大朝会燕飨,命将出师,临轩策士及百僚除授谢恩皆御焉。圜丘大祀前一日祀祝版,祈谷常雩亦如之。

　　因为明代诸帝虽不常上朝,如神宗万历年间常几年不上朝接见大臣，但上朝必在太和殿（明最早称为皇极殿），而以乾清宫为寝宫。清朝诸帝，几乎每天上朝，虽然非大典不御太和殿，平常总是在乾清宫的东西暖阁及养心殿，而寝宫已不在乾清宫，而在养心殿。这是两朝的大变化。

外朝自袁世凯称帝以来已被接受，为预备他将来登基之用，后来他称帝未成，民国就改为古物陈列所，包括太和、中和、保和及武英、文华等殿属于内政部。在保和殿后修了一道围墙，隔绝内外，围墙以北仍归溥仪，以南就归民国所设的古物陈列所。另外在围墙以南而为清室所管理者为内阁大库，及文华殿以北的文渊阁。另外在东华门以内的清史馆，即从前的国史馆，既不属于清室，成一个独立的机构。谈起接受文渊阁的事，亦颇可笑，因为每次清室善后委员会点查文渊阁必须出神武门，绕道入东华门，然后方能达到文渊阁，路远且不方便。于是有一天，我就想出一个主意，预先由北京大学借来测量仪器，在文渊阁后墙北面，用仪器测出文渊阁的中心，并用粉笔在后墙上做一记号，然后就请工匠在正中间墙上开一长洞。并约好鹿钟麟的军队来帮忙运砖，排成长列，一手一手地搬运砖头，另由工人在文渊阁之南砌上一道长墙。等到我们的公函送到古物陈列所，长墙已经砌的半人高了。于是以后再点查文渊阁的书的时候，就由我们新开的门而进，不再绕道。第二天正式的门就修好了。

自从溥仪出宫以后，后面一部分是由清室善后委员会所接收，另附有几处亦由清室善后委员会从清室接收来，就是文渊阁及实录等大库，这是最晚为民国所接收的。至于故宫各处，清室不肯合作交待，就由清室善后委员会会同军警机关陆续点查，经过了数年之久，出版有《故宫点查报告》共五编，至北伐成功尚未点查完毕。最初是由北政府国务院各部派人名为助理员，另有故宫所请的人员，名为顾问，参加点查，后来国民军撤出，就由内政部所派的警卫人员参加，这种现象一直到奉军代尽守卫的责任，如是直到北伐成功。

长墙的北面，即保和殿后门恰对着内廷的乾清门，乾清门宽广五楹，东为内左门，西为内右门，皆南向。清代内左门不常开，凡军机处、南书房、上书房等处官与懋勤殿、弘德殿行走各官，及在养心殿、乾清宫召见的各官，皆由内右门出入。至清室善后委员会接收以后，点查各人员出入皆由此门。乾清门之南，东出者为景运门，西出者为隆宗门，皆是顺治十二年重修的，门各五楹，东西向。方清室善后委员会点查时，所有助理员、顾问、事务员等皆在隆宗门聚餐。在乾清门与隆宗门之间，路北由东向西为乾清门侍卫处、内务府、军机处各值房，点查时即以这排房子为办公室，而以南面之旧军机章京办公室为委员会。

乾清门之内，为乾清宫、交泰殿及坤宁宫。乾清宫之东为日精门，对面坐西向东为月华门。乾清宫之东而坐北朝南为昭仁殿，按《国朝宫史》说，高宗另检内府书，宋金元明旧版四百部存于殿内，名曰"天禄琳琅"，后有书目十卷，嘉庆中又有续书目二十卷。后殿为五经萃室，因为藏有南宋岳珂所刻五经。但是我记得点查昭仁殿时，见那些个小书架每层皆用纱为帘，但是其中并没有"天禄琳琅"初编的书，我们很觉得奇怪。到后来偶然在内务府档案里发现嘉庆二年的奏折，就是在那年的一天晚间因为宫中用的炭盆火没熄灭，太监将它移到乾清宫最西边的那间殿里，这间殿恰与昭仁殿相连，于是夜半起火，遂将乾清宫、昭仁殿、交泰殿焚毁，坤宁宫南面的门窗被熏焦了，于是整个的昭仁殿的书，及乾清宫的"石渠宝笈"所载书画亦被波及，于是方才明白昭仁殿的书所以只有续编者而很少初编的原因在此。续编是因为初编的书籍焚毁以后，方才编定，两编并非同时撰修的。当时是有名的王世贞所藏的北宋本"两汉书"上面画有高宗的像，亦于这时毁掉。昭仁殿亦是圣祖寝息之处，高宗御制昭仁殿诗序："乾清宫之东簃为昭仁殿，皇祖在御时，日夕寝兴之温室也，朕弗敢居焉，乃贮天禄琳琅宋元镌本于内，时一徘徊，曷胜今昔之思！"清帝住在养心殿，是由世宗开始。

乾清宫之西与昭仁殿部分相对的为弘德殿，清穆宗读书于此。有祁文端寯藻所进《弘德殿铭》，点查时仍在。

昭仁殿之南，坐东向西有殿三楹，曰端凝殿，端凝殿之对面为懋勤殿，明世宗嘉靖中始定这两殿名称。端凝殿用端冕凝流之意，盖以为贮藏衣冠之处。懋勤殿则用德懋勤学之意，圣祖常读书于此，后来成为南书房的附庸，因为南书房地方小，翰林们写好了对联匾额后无处晾干，所以利用懋勤殿。懋勤殿亦是皇帝藏日用书籍及碑帖之处，拙老人蒋衡所写的十三经原稿亦藏在殿中，刻本就是清石经，就立在国子监内。据抗战前北平研究院由我所主持的坛庙调查时，其中有一块已经毁裂了。

在乾清门之西，为南书房，屋三楹。中间一屋有匾额曰南书房,为刘石庵(刘墉)所书。宫中惯例,除御笔以外,为臣工所书者皆须上加臣字,唯此匾无之,为宫中独有之一例。西间有宝座,备皇帝临幸之用,据《啸亭续录》卷一说:

> 本朝自仁庙建立南书房于乾清门右阶下,拣择词臣才品兼优者充之,康熙中谕旨皆其拟进,故高江村权势煊赫一时。仁庙与文士赏花、钓鱼、剖晰经义,无异同堂师友,如张文和、蒋文肃、厉尚书廷仪、魏尚书廷珍等,皆出其间,当代荣之,列圣遵依祖制宠眷不衰,为木天储材之要地。

当溥仪未出宫以前,宫中尚保留两个机构,一是内务府,等于清室账房,它办公的弄门在造办处以南,职员甚多,所以吴稚晖先生那一篇《危哉溥仪先生》特别指出内务府是吃溥仪的痨病虫。在接收故宫的时候,有一天我在往点查内阁大库的路上,同内务府的笔帖式闲谈,我说:"外人皆说你们对于付商人的钱,拿到倒二八的回扣(按倒二八是指拿八成的回扣)。"他笑着回答我:"没有那么多,不过倒三七罢了。"可见内务府之赚钱。另外一机构就是南书房行走,比如溥仪拿走的那一批精品字画善本书籍,即所谓"赏溥杰"者,先曾经南书房行走的袁励准、王国维等,选择出来的。袁励准并曾经注了一部书,名曰《中秘日录》,北平图书馆曾借到他这部稿本,用晒蓝纸晒出,共四本,所以我亦曾见到过。

前面说在未设立军机处以前,圣祖尝令南书房的人代撰上谕,这本来是内阁的职务,不过内阁在太和门外,离皇帝所居太

远,当时圣祖住在昭仁殿,距离南书房甚近,所以南书房的人就
得到这种权力。在乾清宫门以东,部位与南书房相对称,坐南向
北五楹为上书房,皇子读书之处也。据《啸亭续录》卷一说:

> 雍正中初建上书房,命鄂文端、张文和二公充总师傅,
> 二公入,诸皇子皆北面揖,二公立受之。定制,卯入申出,攻
> 五经、史、汉、策问、诗赋之学,虽穷寒盛暑不辍,较往代皇子
> 出阁讲读,片刻即退,徒以饰观者,不啻霄壤也。

关于上书房的掌故,吴振棫《养吉斋丛录》卷四有下列各条,
今汇录于此:

> (1)我朝家法,皇子皇孙六岁即就外傅读书。寅刻,至
> 书房先习满洲蒙古文毕,然后习汉书。师傅入直率以卯刻。
> 幼稚课简,午前即退直。退迟者至未正二刻或至申刻。惟
> 元旦免入直,除夕及前一日已刻准散直。

> (2)雍正元年谕诸皇子入学之日,与师傅备杌子四张高
> 桌四张,将书籍笔砚表里安设桌上。皇子行礼时尔等力劝
> 其受礼,如不肯受,皇子向座一揖,以师儒之礼相敬。如此
> 则皇子知隆重,师傅等得尽心教导,此古礼也。至桌张饭
> 菜,尔等照例用心预备。

> (3)上书房楹联云:"念终始,典于学,于缉熙,单厥心。"
> 高宗御书。

> (4)曩时自大学士以下皆称入直上书房,至乾隆二十二
> 年以礼侍介福,兵侍观保,刑侍蔡新为总师傅。于是有总师

傅之称。

(5)上书房总师傅以贵臣为之,或一人或二三人无定制。有事则至,或月日一至,非日日入直也。书房行走之员初被命,则总师傅率以至。又总谙达亦以贵臣充。

(6)上书房师傅曩时由掌院学士拣选,会同内阁带领引见。乾隆五十五年命大学士公同拣选。近亦有由总师傅保荐或圣意特简者。

(7)内廷官员时荷珍赐。凡食物不谢,用物则谢,或命弗谢则止。其谢则于引见人员未带领之先,诣殿阶下叩头而退。

(8)岁终赐总师傅、师傅荷囊各二枚,囊贮银锞,其轻重以官阶为等差。

(9)乾清门每日夕进门单、某人某时入直,某时散直,或因事不至,皆一一注明。故侍读者工夫严密无间断。

(10)师傅之外别有谙达,教满蒙书者,由八旗翻译出身人员选派,教弓箭者,由各旗营参佐领选派。每一皇子各三员,轮日一员入直。此外有谙达五员,管理马匹鞍鞯及教演鸟枪等事,每日亦一员入直。如皇子有事他往,则五员皆随往。又皇子各有哈哈珠塞八人(亦称哈哈珠子),由八旗年幼闲散人内挑派,每日二人入直,司奉茶进食之事。又或云内谙达、外谙达共五人。内谙达教内蒙书,由八旗翻译人员选派;外谙达教弓箭骑射等事,由八旗参佐领选派,轮日入直。哈哈珠子或八员,或六员,由八旗大员子弟内选派,亦轮日入值。按清语哈哈男也,珠塞小孩也。

（11）皇子亲郡王已分府或仍命入书房,无定课。大约午刻即散,别有差使即不至。派上书房行走一人谓之照料。未分府以前有功课者谓之授读。

五、点查的预备

由十一月初六日起，第一是放出宫内一千余名太监及宫女，因为留他们在宫内有许多种不方便：第一得供给他们饮食费用，第二是对他们的出入稽查，第三人多难保不发生火险，这些皆使防卫故宫的军警增加了责任。于是由初六日起，就将他们放出宫去，每人只准许带随身用的行李。为慎重起见，清室善后委员会的职员不能不会同军警，在神武门出门的地方加以检查，以防备他们将公物私行带出，这种工作连续做了大约三天，就是由初六日到初八日。最初，只留下南书房的两个太监，因为想留他们以备咨询南书房掌故，但是后来鹿瑞伯说这种办法对军队的稽查出入甚不方便，因为就是两个人亦需要每天出去购买食物，所以较后亦把他们遣散了。至此宫中只留下鹿瑞伯所派去的一连军队，就是国民革命军第一军（军长鹿钟麟）属下的第一师（师长韩复榘）第一旅第一团第一营第一连，由丁营长率领。另外有京师警察厅内六区的警察若干人，驻守在神武门内路西边的三间小室中。

当时由委员会与清室代表商妥,每一处宫殿之太监宫女等遣出后就由国务院、清室善后委员会、京师卫戍司令部及清室代表会同将这一处查封,以备将来的点查。

同时两面更商以下各事:第一,瑾太妃出殡的事情,商妥仍照原定日期,于阴历本月二十三日举行,出殡时仪仗应一律改从民国制度,执事人等一律改穿便服,大约共需三百人,皆由委员会发给特别徽章,由慈宁宫起赴什刹海广化寺,由军警沿途护送。

第二是瑜瑨两妃出宫的问题,最先她们两人声明不愿出宫,后经履次商量,先将两人合住在一处,即由重华宫合住于启祥宫之太极殿然后再搬到宫外,先经决定暂住北兵军司大公主府西花园。后遂决定阴历十月二十五日出宫。

第三,因为筹备两太妃出宫,清室人员讲无钱做此项事,遂要求将藏于库内的元宝归还清室,经清室善后委员会允准,遂于十一月十七日下午一时由清室善后委员会及清室代表,两方面共同监视过秤,计该库银两共六千三百三十三斤,合十万一千三百二十八两,内中颇有明代的年号,除遗留数颗为将来陈列之用外,其余的悉数发还,当即由鹿总司令饬兵士当众代为装包,并书明数量于包上,俟全部装齐,当由鹿总司令派士兵,清室善后委员会及清室人员,会同押送至盐业银行,清室代表请以一千两为犒赏搬运银两兵士之用,但鹿总司令则璧谢未收。

除此三事以外,清室善后委员会另预备点查事项,比如点查报告册及出组单等,皆由我及沈兼士、陈援庵两先生所计划。因为当时李委员长不过问委员会中琐事,这些皆由我们办理。我独记得点查清册在两页相联处,必盖上清室善后委员会的骑封,以免有人掉换一页,这是出之我的建议。

兹附录清室善后委员会点查清宫物件规则(十三年十二月二十日议决)。

第一条　点查事项,以左列人员担任之。

甲　委员长、委员　或其指定之代表。

乙　监察员(京师警察总监、京师高等检察厅长、北京教育会长及聘请员等或其代表)。

丙　各院部所派助理员。

丁　委员会聘请之专门家及事务员。

戊　守卫军警。

已　前清内务府人员(由委员会中代表清室者指定之)。

第二条　点查时分组,每组分为执行及监视二部,其职务之分配临时定之。

第三条　每组人数及组长由委员长临时指定之。

第四条　每日应分若干组,每组应执务之地点,由委员长先一日指定。

第五条　每人应隶何组,按各部分人员分配,用抽签法抽定。

第六条　每组人员排定后,于进内执务前,均须在办公处签名,并须佩带徽章(签名单见前页)。

第七条　登录时,每种物品上均须粘贴委员会特制之标签,一面登记物品之名称及件数,凡贵重物品并须详志其特异处,于必要时或用摄影术或用显微镜观察法或其他严密之方法以防抵换。

第八条　点查物品时,以不离物品原摆设之地位为原则,如必不得已须挪动地位者,点查毕后,即须归还原处,无论如何不得移至所在室之门外。

第九条　室内工作时,得视必要情形,更将组员分为小组,以免拥挤。

第十条　室内工作时,不得单独游憩,不得先进或后退。

第十一条　室内工作时,监视人员,须分立于执行事务人员之间,不得自由来往于事务地之外。

第十二条　室内工作时不得吸烟。

第十三条　组员有违背规则时,监视人员得报告于委员长及监察人员处理之。

第十四条　点查时间每日两次,上午自九时起、十二时止,下午一时起、四时止,作息均不得逾法定时间,遇必要时,星期日亦可点查。

第十五条　各组组员只须勤务半日,以节劳逸,第一处物品开始点查后,即由某组始终其事,以专责成,故每点查时间,每日只须三小时,如组员愿终日在内勤务者,可声明志愿,得附隶于上下勤务之两组。

第十六条　各组进屋勤务,无论已毕未毕,出屋时每次必须加以封锁,由本组会同军警签字,或作别种符号于上,点查未完之箱柜亦照此办理。

第十七条　本会每日应将点查情形,编出报告公布之。

第十八条　本规则遇有必要修改时,应由委员会开会行之。

按点查办法,曾经详细讨论,所以执行多年仍然美满。后来段祺瑞曾想法干涉点查。当时内政部组长龚心湛曾有一手折呈给段祺瑞,关于此事以后当详细述说。兹只述他的手折如下:

　　敬呈者:窃查奉谕查止清室善后委员会查点清宫物件一案,当经本部分别转行警卫司令暨该委员会查照。惟本部详查该委员会所订点查规则,如第一条点查人员之组织,定有监察员及军警机关人员参列其内;第七条登录办法以严密方法预防抵换;第八条物品原设地位不得挪移;第九至第十三条限制查点人员进退往来监视各项办法;第十六条封锁房屋会同军警签字;第十七条公布点查情形等各节,以及其他各条规定,均尚慎密周妥,并经委员会函约心湛随时莅场察视,据此不妨仍照该会原议办理。如蒙钧允,拟即由部转行知照,是否有当,伏乞鉴核批示。心湛谨呈执政。附呈点查规则一份。

原折呈所说甚详,足证明以段内阁立于反对清室善后委员会之地位,他的总长亦不能不说几句公道的话。又按点查规则第五条每人隶何组,按各部分人员分配,用抽签法抽定。是则每人不一定每天准在那一组,而且点查并非审查,审查者对于一器一物必须断定其真伪及年代,而这必须专家为之。而点查者,不过有一物品就登记一物品,因为故宫原是帝王的办公处和住宅,每一宫殿内,真是百物杂陈,可能有一个宫内既有书籍又有字画,既有瓷器又有铜器,有些地方甚而有一包包的洋烛,甚而有的地方是做厨房用的,就堆的内院的煤球,所以每一个点查的人在未进入某一宫殿以前,颇难悬想里面有何物件。每次出组的时间规定三小时,既无时间能供详细研究,况一组所有的人员不一定恰有这天所要点查的这么复杂的物品的每一类专家,所以也无从审查。审查的工作必须留待以后各馆的专门委员办理。

每一次出组皆预先领一个印好的出组单,用竹纸,上面印着红字,大家的签名用墨笔,其大略形状如下:

月　日(星期　)午　第　组点查

担任职务签名单

组长

执行部

查报物品名称

物品登录

写票

贴票

事务记载

照像

监视部

监视

本组共　人

组长　签名

每次点查所有物品皆登记在点查清册中。清册式样如下：

数号	品目	件数	备考

物品登录人签字盖章

　另外每组点查完毕，有一事务记载报告，由记载人签字盖章。

六、点查的中间被阻止

点查规则已如上篇所说的通过，我们就预备开始点查了，但这期间段祺瑞已来到北平，就了执政的位置，他这执政是由张作霖、冯玉祥在天津会议公推出来的。我在前几年曾问过徐永昌将军，他说因为他没有同去天津，所以会议的情形他不知道。至于要他做执政的是冯玉祥，因为彼时国民革命军的势力只限于河北、河南及察哈尔等数省，对于东南各省及两湖是无法统治的，据说段最初不肯答应，冯玉祥求他几乎叩头，段的头脑甚旧，所以对于冯玉祥将溥仪驱逐出宫一事，根本不以为然。（在段到京后，他亦曾表示对故宫事的不满。）所以段来京以后，清室遗老非征服比，优待条件全球共闻，虽有移往万寿山之条，缓商未为不可，迫之，于优待不无刺谬，何以昭大信于天下乎？望即从长议之可也。云云。按电中所述皇宫锁闭迫移万寿山一节殊非事实，想一经解释，当可了然也。

天津六日电云，溥仪出宫消息传到天津，一般前清遗老复辟党人，闻之颇为震骇，当即召集会议，闻推定铁良、升允、袁大化、罗振玉等,先行到京提出抗议,作为第一步骤云。

我们若把日本电通社的电报及段祺瑞放走了溥仪,以及溥仪逃往日本使馆,再加以以后的"满洲国"等等一幕一幕的事件联系起来,使我们颇疑心这件事不只那么简单,恐怕不只段祺瑞想拥护从前的皇帝,就是日本人自从溥仪出宫以后,也想利用他了。

现在再以罗雪堂先生《年谱》为证,《年谱》引《集蓼编》:

> 十月而值宫门之变。冯玉祥军入城,于景山上驾炮直指皇居,益知变且亟。乃诣日本使馆,商附国车赴津,向夕始抵津。一日,日本司令部参谋金子君遽至,谓得京电,冯军鹿钟麟部入宫迫改优待条件。乃急诣司令部,请司令官为介,往见段祺瑞,令发电止暴动。司令官许诺,出刺为介。持刺往,段如命发电而谢面见。翌晨附车入都,知圣驾已幸醇邸矣。上谕已派贝勒载润及绍英耆龄宝熙及予为皇室善后委员,与国民军折冲。时鹿钟麟派兵一营围行朝……是日初与鹿钟麟辈相见,议定诸臣出入,不得禁止,及御用衣物须携出两事。

> 予以鹿不肯撤兵,乃商之段祺瑞,请由段饬鹿撤兵。段允饬,乃一日午后撤兵。又越日,予与陈太傅密商,谓撤兵亦至危,非速移使馆不可。议定由陈太傅借英文师傅庄士敦汽车,赴北府迎上微行。至日本使馆;公使夫人亲洒扫馆楼,并命书记官池部君(政次)常川照料。当皇出北府时,风

霾大作，官道中不辨行人，故沿路军警皆无知者，遂得安稳出险。（载《大陆杂志》）

由罗振玉这段自己的述说，可见得溥仪出宫以后他的部下如罗振玉等，就暗中与日本有接洽，所以我们的假设并不只是假设，而有事实为证的。

在段祺瑞没来以前，鹿瑞伯曾派他的士兵保护北府，各义上是保护，实在是在防备溥仪逃走，但是段祺瑞来了以后，清室就要求段命令鹿瑞伯撤退他的士兵，于是就在这时间溥仪逃往东交民巷日本使馆。据马夷初（叙伦）说曾往日本使馆去过，见使馆中空屋上有的贴着内务府，有的贴着南书房。这证明日本使馆已临时作了溥仪的行宫了。

另外清室善后委员会即决定十二月廿一日开始点查，乃执政府秘书厅有公函致内务部略云：

> 径启者，奉执政谕，据报清室善后委员会于本月二十三日点查清宫物件，现清室善后之事，政府正在筹议办法，该委员会未便遽行点查，著内务部暨警卫司令查止，等因，相应函达贵部，希即查照办理可也。此致内务部。
>
> 中华民国十三年十二月二十一日

下午在神武门旁开点查预备会议，当时出席者有李委员长、庄思缄先生、吴稚晖先生、易寅村先生、鹿总司令及善后委员会各委员、各监察员、各顾问、各院部助理员等，人数甚多。开会前内务部所转来执政府之公函亦送到。首由李委员长主席。当时

《社会日报》载其演讲词，大意如下：

> 民国优待清室条件，本已载明溥仪暂居宫中，不料我国人民素性宽大，竟任其延长至十三年之久，此次国民军回京，摄政政府代表大多数国民意见修改优待条件，并令溥仪迁出宫禁，本属极正当极自然之事。况民六复辟，清室显已违反优待条件，决非张勋一人之罪，有张勋死后，清室赐谥忠武之事可以为证。且在民国统治之下，京中满街翎顶补服，宫中并有宣统十几年上谕，非清室违反优待条件之证明而何？是此次摄政政府举动，虽仍觉得过于和缓，然吾人对此种办法，亦可认为比较的满意，今查封手续既告完竣，急宜从事开始点查，即自明日起开始办事。惟有一言为到会诸君告者，今日忽接内务部转来执政府公函，大意对于清室善后问题正在考虑，应从长讨论，所有清室善后委员会检查物件等事，暂缓进行等语。查本会系由委员会委员、监察员、各部所派助理员及本会所聘学术专门家组织而成，非如其他行政机关，可以随时听候政府命令者可比，且查点系本会内部手续，本会既已承受保管，决不能不知其中究有何物，共有若干，正如受人委托保管一包银钱，决不能不知包中所有的银钱数目，而贸然负此责任也，故个人对于原则上主张反抗政府此种违反民意不合手续之命令，至于事实方面若何办理，则请到会诸公详细讨论云云。

以后各委员、助理员及顾问等相继发言，吴稚晖先生发言尤多，在场人的意见似乎全体一致，遂决议照旧点查，推吴先生及国务院所派助理员杨千里先生（杨天骥）起草答覆内务部，文曰：

> 敬覆者，准贵部函开本日准临时执政府秘书厅函开，奉执政谕，据报清室善后委员会于本月二十三日点查清宫物件，现清室善后之事，政府正在筹议办法，该委员会未便遽行点查，著内务部暨警卫司查止等因，相应函达贵部希即查照办理等因，除函知京畿警卫司令部外，相应函达查照，务将查点清宫物件事宜从缓办理，等因。查本会于本月二十日议决于二十三日点查清宫物件，系会内应有手续，又本会点查规则，系会同军警各机关，及各项专门学术人员分组办理，亦系本会会议决定，似非单纯行政机关可比，万难中止。除由京畿警卫司令部另行函覆外，相应函覆，希即查照为荷。此致，内务部。
>
> 中华民国十三年十二月二十二日

晚间内务部以此事已成僵局，意欲和平解决，乃由其次长王君夜间往见庄思缄先生，庄先生因告诉他会中主张之正当，并托其致一函予龚心湛总长，因彼时龚方卧病，未到部办公。庄致龚函如下：

> 仙翁先生总长大鉴：闻公偶抱采薪，昨经电访，夜间复与王次长晤谈，敬悉政躬即占勿药，敬以为颂。清室善后委员会一事，弟本不与闻，乃因公推为监察员，用函聘请，询其何故，谓弟夙有公正虚誉，一再相邀，故勉从其约。及到会

后，知诸人皆清白乃心，刻苦从事，乃大异于新闻。昨忽见贵部传谕之函，窃疑当局有所误听而发。点查之举乃会中因鹿总司令负责过重（亦鹿司令所自请）（原文旁注）亟亟行此，期昭信于国人，且各部院均派助理员，事属公开，绝不违法，尽可由政府派员查察，何止之有？会中如李、易、吴诸君皆民党清白之人（稚晖亦阁下素识，不待弟言）（原文旁注），其发言或有激昂，但理则甚正，弟之所说较近官僚，意在融和不生窒碍，闻警察中有人报告执事，目弟为发言激烈之至，此等名字，弟所肯承，唯办事辨明正当与否，且亦必有各种手续，不可不于各方面着想。段公性质，弟所略知，左右宜匡救而弥缝之，若以回护而生枝节，影响所关非细（满人之胡涂，皆一偏之见耳，其言可听耶）（原文旁注），高明以为然乎。事上，敬颂愈安，诸维详察。次长同此。弟宽顿首。

民国十三年年底，中山先生抵北京，清室内务府又上书对于修改优待条件责难，中山先生乃由其秘书处回答一函如下：

瑞辰、越千、寿民、钟权诸先生均鉴：近奉惠书，关于十一月间修改清室优待条件及清室移宫一事，已呈请中山先生阅悉，中山先生对于此事之意见，以为由法律常理而论，凡条件契约，义在共守，若一方既已破弃，则难责他方之遵守。民国元年之所以有优待条件者，盖以当时清室既允放弃政权，赞成民治，消除兵争，厚恤民生，故有优待条件之赏报，然以国体既易民主，则一切君主之制度仪式必须力求芟除，一以易民群之观听，一以杜帝制之再见，故于优待条件第三款载明大清皇帝辞位以后，暂在宫禁，日后移居颐和园，又于民国三年，清皇室优待条件善后办法第二款，载称清皇室对于政府文书及其他履行公权私权文书契约，通行民国纪元，不适用旧时年号，第三款载称清皇帝谕告及一切赏赐，但行于宗族家庭，及其属下人等，其对于官民赠给以物品为限，所有赐谥及其他荣典，概行废止，凡此诸端，所以杜渐防微，至为周至，非但以谋民国之安全，亦欲使清皇室之心迹有以大白于国人也。乃自建国以来，清室既始终未践移宫之约，而于文书契券仍沿用宣统年号，对于官吏之颁给荣典赐谥等，亦复相沿弗改，是于民国元年优待条件及民国三年优待条件善后办法中清室应废行之各款，已悉行破弃。逮民国六年复辟之举，乃实犯国体之大眚，优待条件之效用，至是乃完全毁弃无余，清室已无再请民国政府践履优待条件之理。虽清室于复辟失败以后，自承斯举为张勋迫胁而成，斯言若信，则张勋乃为清室之罪人，然张勋既死，清室又予以忠武之谥，实为奖乱崇叛，明示国人以张勋之大有造于清室，而复辟之举，实为清室所乐从，事实俱在，俱可覆按，综斯数端，则民国政府对于优待条件势难再继续履行，吾所以认十一月间摄政内阁之修改优待条件及促清室移宫之举，按之情理法律，皆无可议，所愿清室诸公省察往事，本时代之趋势，为共和之公民，享受公权，翼赞郅治，以消除向者之界限，现五族一家之实赡，若于此时肆力学问，以闳其造就,则他日之事业,又讵可限量,以视踽踽于深宫之中,瞢然无所闻见者,为益实多,尤望诸公之高瞻远瞩,以力务其大也。将命代为奉覆,希裁察为幸。此颂公祉!

孙中山先生秘书处启 十四年一月六日

七、开始点查乾清宫记

上篇讲的是段祺瑞阻拦点查的事情，后来因为阻拦不住，我们就在十二月廿二日开始点查。据《故宫博物院前后五年经过记》著者吴瀛所记：

次晨（二十）再往神武门，同人意兴犹未衰，舅氏（庄思缄）亦至，时见有白皙而文之少年蓄有草色遥看之微须，往来声说即日出组点查之不可以已，大有千万吾往之慨，其勇锐为尤甚。异而询之，则石曾先生之犹子李玄伯先生是也。余因联想及于往日吾辈学生时代，因教职员之不称职及抵制美日货等事而发生风潮时，每有不顾饥寒策励同人，誓灭此而朝食，犹恐自泄其气而为敌所乘者，其声势亦然。一行作吏，十余年不复睹此盛事。年来索薪风潮，或有几微相类，然一则天真纯挚，一则为饥驱利诱所致，且杂以种种内幕，污浊时亦与对方相等，其相去真不啻天壤。故余于此等运动，辄仍惘惘然去之，不能有所歆动。今日之事，则大与当日学生时代之情形相近;而同人年事均长,余亦已入中年,其举动无论如何,总嫌凝重而欠流利之致,一有玄伯点缀其间,大足补此缺憾,故余与玄伯识面之始,其神情至今犹留脑际。当时舅氏亦掀髯微笑,或亦联想及于秀才闹考之趣矣。于是以陈佩忍(去病)先生为组长,舅氏与蒋梦麟先生、玄伯先生均列监视,偕其他同人职员再度出组于乾清宫。

吴景洲所记当时的情形,对我亦许有过分夸奖之处,但实在说起来,我那天所说的话,第一确是极端激烈,恐怕若不是这几句话,亦不会激起同人的兴奋,所以我对于点查能开始,自信未尝没有大功劳。我当时是说,清室所派的代表若不出席点查,就算是他们自己放弃权利。至于内六区的警察不参加,我们尚有鹿瑞伯的军队,条例上说的"军警",现既有军,虽然没有警,亦不算违背条例。

记至此,我应该述说内六区的本质。北京警察厅分为若干区,除外城有若干区外,内城是一至六区,而内六区在内城的正中间。其中包括故宫在内。署长叫延庚,他不只是旗人,而且是肃亲王的女婿。据说他当警察署长亦由于清室替他运动的,并且指定要做内六区的署长。可见清室的计划,由来已远,所以在曹锟时代以赏溥杰的名义将精品书画一包一包的拿出神武门,而看守神武门的警察置之不问,以及故宫博物院成立后,对于院里的事情,延庚知道的很清楚,也就由于警察对他常有报告,就是这次警察不参加点查，也是受了延庚的命令。所以延庚在故宫博物院中，布列了无数的暗探。后来曾调他到庐山去受训，因为他素来有鸦片烟瘾，急急忙忙地戒掉，以致得病而死。

在叙说乾清宫点查以前，我将先详述出组的情形及领出组单的地点。因为自从这时起，出组的办事处，移设在军机处、内务府等处，这一排办事处，由西边起，迫近隆宗门的墙是军机处，稍东就是内务府，再东迫近乾清门西面的内右门是禁卫处。这一排共十二间。对面在隆宗门的南面，坐南向北共五间是从前军机处章京办公室，"章京"两字是满文的音译，意思是军机处的书记。章京共分四班，满汉各两班，每几天一轮流。章京的办公室除中间的一间堂屋，左右各两间大约满章京办公室在东边，汉章京办公室在西边。现在改为清室善后委员会委员的办公室。章京屋子的后面就是保和殿的后墙。章京的办公室清代俗称为南屋，因为军机大臣的办公室在北面。在乾清门以东由内左门起一直到景运门，也有一排十二间房子，为文武大臣奏事待漏之处，这是在景运门以北。景运门以南，部位与军机章京房子东西对称，也是五间，为宗室王公奏事待漏之处。内右门与内左门之间为乾清门，门凡五间，台阶中左右各一，各有九层。由圣祖到高宗有时在门下陈设御座，各部院以次启事，内阁在此面奉御旨，这是沿自明朝的习惯，后来就不常实行。但嘉庆十八年林清党徒攻入宫禁平后，仁宗下罪己诏，王公大臣皆集乾清门下跪听。

点查的办公处设于旧军机处，每天早晨及下午助理员及顾问等顺着西筒子走进。有时遇到刮风的天，筒子是条长巷并无树木，冒着北方的朔风虽然重袭亦是感觉到寒烈彻骨。在上午九点以前，或下午两点以前，参加查点的人必须到办公室，否则只有在办公室坐候，因为组已进去，个人不能独身出入，这是见于出组条例。

有一件巧合的事情，内左门与内右门皆在乾清门的两旁，但自清朝起，内左门不常开启，凡太监及承应人等出入皆由内右门。军机处大臣、南书房翰林、内务府大臣官员出入亦由此门。如遇在养心殿召见大臣之年老者亦由此门进（皆见乾隆朝所编《国朝宫史》）。军机处的办公室共三间半，由最东边那两间进去，两间北边是大木炕；靠南墙的窗子底下有一张方桌两把椅子，窗上边悬着世宗的御笔木刻匾"一堂和气"；东墙下亦摆着一张桌子两把椅子，上面悬着文宗御笔木刻匾"捷报红旌"，这大约是当时征伐太平天国时所写。再往西边的一间，南北皆有木炕，为军机大臣商量公事的地方，更西边的半间是苏拉们预备茶水之处（"苏拉"是满文音译，意思是供使唤之人，而非太监）。这半间最初在没有盖南屋之前，据赵翼《簷曝杂记》说就是章京的办公室。

在领到出组单以后，并领有封条锁钥，人员皆由内右门进去。我上文所说巧合者即是点查也由内右门出入，而不由内左门。最初只有一组，但这时间甚短，后来组数逐渐增加，为不得不防备是否各组皆已退出，就将各组编成号头，各组在退组的时候把号头挂在内右门的钉子上，等到办理出组的人员点明然后将内右门封锁，由最后退出的一组的组长在封条上签名，填上年月日。在下次再开内右门时必须先验明封条的完整与否。

我所讲的这一天，是指点查乾清宫。进了内右门之后，将门由里面关上，顺着西一长街前进至月华门。月华门在东，它的对面坐西的是遵义门，遵义门是通养心殿的门，而月华门则通往乾清宫。由月华门往北走，沿着懋勤殿等处游廊，游廊北头有一石筑的斜坡，直上到乾清宫；当然由月华门下台阶到院中，然后走一段路，再由乾清宫前面北边的台阶上去也可通行，但是上台阶又下台阶在遇见雨天，经过院子甚不方便，不如由游廊转上斜坡比较直捷简单。从前军机大臣们召见时候也常由这斜坡走，但是普通召见的人就不准许。由乾清门到乾清宫中间有条御路，将到乾清宫时，台阶是由一块石头雕花而成，这名为丹墀。在御路的底下有一条曲折的小路，可以由西面走到东面，这是为的太监们暗走的路，遇见皇帝坐在殿上可以看不见。路是大石块砌成，我当时常笑说这是一处很好的防空避难室。

十二月廿二日那天首次点查乾清宫，是由乾清宫的东面门进入（按乾清宫共九楹，深五楹）。我所说由东边门进入，是指这正中三间最东头的那扇门。当时内务府并没有交出钥匙，所以我们自己每回出组，必须带着锁匠临时配制钥匙开锁，等着查点以后，就换上新锁，各宫殿大约皆如此，就是进了东边门以后，大家商量应该由何处点查起，于是我就提议，由右首第一件物品点起，以后就永远用这方法。但是这间不巧的很，第一号物品恰好是顶门用的大木墩子。因为乾清宫的编号是用千字文中的天字,所以天字第一号就是大木墩子。宫正中设有宝座,宝座高处悬有世祖御笔匾曰"正大光明",圣祖跋云:"皇考世祖章皇帝御笔正大光明四字。结构苍秀,超越古今,仰见圣神文武精一执中,发于挥毫之间,光昭日月,诚足媲美心传,朕罔不时为钦若,敬摩勒石垂诸永久,为子孙万世法。康熙十五年正月吉旦恭跋。"两楹悬有圣祖御笔联曰:"表正万邦,慎厥身修思永。弘敷五典,无轻民事惟难。"北两楹高宗御笔联曰:"克宽克仁,皇建其有极。惟精惟一,道积于厥躬。"按圣祖御笔联于嘉庆二年于乾清宫同毁于火,现所存者为高宗所临摹。在东西暖阁门前,各有天象仪、地球仪各二,靠东墙长案上,列有《图书集成》若干木匣,在第一匣中缺了头两本,有太监写的黄纸条说是在庚子年某年某月某日为洋人拿走两本。这一部是开化纸初印本,每匣上并刻有"图书集成△△典"。我们当初点查的方法甚笨,一匣匣的编号点查,开匣点册数,费了很多时间。等到第二次点查到西面桌子上的《图书集成》,我们就改变了方法,将《图书集成》编成一个总号,每个匣子成一分号。总号用正楷写的,分号用罗马字写的。这是我们头一次用总号分号。以后凡在一箱子或一柜子的物品,箱或柜用总号,物品就用分号。这是由点查乾清宫的经验得来的。

　　这一天的点查参与者甚苦,因为北方到冬天朔风烈烈,乾清宫同太和殿一样高大,平常上朝时是用炭盆取暖。宫中的炭盆形式同民间的不太一样,下边是一个真正的炭盆,为燃烧木炭之用,上面是一个很高大的景泰蓝的雕花的罩子。大约一个殿里不只一个,但是点查规则限制出组的人不得抽烟,更说不到生炭盆,所以大家都是一边点查,一边受冻。可见故宫的点查,是由很多的人坚强努力而成的。在《图书集成》书案以南是东暖阁的门,有匾曰"抑斋",对面的西暖阁匾曰"温室"。在东暖阁门的南边,靠着东墙有雕花两层的大木柜,对着的西面也有同样的布置。柜里皆藏有清代实录的小红绫本,是由太祖一直到穆宗的。因为清朝的祖训每天皇帝早晨要读两册实录。

并且在中间东西两扇门前,即东西两暖阁的门前,以及中间左右的后门前皆有大玻璃穿衣镜,这大约是乾隆时代外国人进贡的,因为在那个时间中国还不会制造这么大块的平板玻璃,所以认为是异宝。这是中间三大间的大概状况。

东暖阁进去在南边是一个大砖炕,北面是两层,前面摆着宝座,左右各有高大的宫扇。上面的一层是一个小阁,点查时有的里面一无所有,有的只有一两件皇子们所画的手卷。看来这暖阁最初也是存贮精品字画之所在,后来溥仪将精品拿走,偶摆上一两件次要的充数。小阁的上下是用活动的梯子。南面的砖炕左右皆有无数层的架子,每层皆盖有纱帘,每层并有描金花的大木匣,从前这里面当然就是《石渠宝笈》及《秘殿珠林》初编所载的书画,但在嘉庆二年起火以后大多数被焚毁。到了嘉庆年间编《石渠宝笈》及《秘殿珠林》续编的时候,这里面就换上续编所载的书画。续编的目录中与初编目录间或有重复,那就是在乾清宫中或者没有烧到的,或者当时就不在乾清宫,而陈列在旁处的,所以续编中有和初编重复的地方。但是到我们点查的时代,各描金花大匣子仍旧存在,我们当然认为至少可以看到续编所载的书画,可是等到打开一看,大失所望,里面全是历代清帝的御笔,大约这也是溥仪拿走精品以后换上来的。东暖阁的窗户台上有几本抄写的穆宗的诗文集。那一天恰好碰到钱玄同先生也参加点查,他就笑着对我说:"这里面恐怕有高阳相国的诗文不少。"因为先祖担任过穆宗的师傅,玄同故有此戏言。东暖阁的北面的桌子上,尚有两轴清帝的御容,一是文宗的,一是穆宗的。这两件后来故宫博物院成立,皆在宁寿宫由文献馆展出。

巴黎中国留学生及工人反对对德和约签字的经过

中国对于巴黎对德和约的不签字，固然国内的学生反对亦很有力量，但是在法国的留法、留英学生及在法国的工人共同包围中国代表团是不签约的直接效果，这话说起来甚长，但须从开头说起。

　　在一九一八年第一次世界大战停战以后，联合国就预备在巴黎开和会，我那些时每天皆到众神庙（Panthéon）前面的苏福楼街（Rue Soufflot）路南的饭馆中吃午晚饭，这个饭馆相当的小，它只有一间宽的门面，但是里边甚长，两边摆着各两行长案，菜蔬样子不多，侍应生只有一个老头子，但是对于客人非常的客气。彼时战争初完，面包票的制度尚没有取消，可是这个侍应生对于面包票的要求并不太认真，所以我们一班朋友贪图这个利益，常到那里去吃饭。饭桌上多是上等人物，比如巴黎大学地质系讲座教授欧格（Haug）就在那里吃饭。有一天我同李圣章（麟玉）同座，我就想到和会中必将讨论到山东问题，我就对圣章建议，应该在巴黎学生工人界组织一小团体，以反对日本对于山东的要胁，圣章听了深以为然。我们决定了以后，第二天吃中饭的时候，我就到众神庙左近这条街上王雪艇（世杰）先生的寓所，日期固然我记不太清楚，但是必定是在一月间，因我去找王雪艇的时候，他的旅馆中下女方在为他生壁炉，烟尘满屋，这一层我现在记得如在目前，所以我知道必定是在冷的季节。我就把同李圣章谈的话告诉了王雪艇，雪艇亦甚为赞成，这就是中国国际和平促进委员会的开始。在那几天内，我就陆续的同陈孟钊（和铣）、戴毅夫（修骏）、王来廷（凤仪）诸位先生以及若干工人谈这件事，因为巴黎有若干工人常到我的旅馆中来听我讲国际大势，所以他们很听从我的话。这时这团体的名称尚没有决定，最初我本来想标明是直接抗日的团体，但是雪艇以为太狭窄，他主张用与国际有关的名称，所以就称为中国国际和平促进会（Comité Chinoise Pour la Paip internationale）。

最早租了一个会址在学校街（(Rue des Ecoles)及圣日耳曼大街(Bd de St-Germain)中间的一条小街上，是一旅馆的下一层，在圣日耳曼大街转角处，大门在圣日耳曼大街，有一大间客厅及后面的一间书房，书房旁边还有一间小起坐间，在这会组成的时候，各国来巴黎开会的代表团，也就陆续的来到，他们多半暗中活动，遂形成五大国把持和会的局面，这五大国是美国、英国、法国、意大利、日本。

在中国代表团到了巴黎后，我们就在哲人厅（Société Savante)请他们来开谈话会。哲人厅是巴黎的私人组织，供人讲演开会之用，在丹东街(Rue Danton)，离丹东的铜像不远。那时中国代表团包括陆徵祥、魏宸组、施肇基、顾维钧、王正廷五人，而以陆徵祥为团长。这一天他们全来了，我们就请他们坐在上面一个长案子，工人同同学们到者甚多，皆坐到听讲席上。开会时由李圣章做主席，我同王来廷坐在一个角落上做记录。开会后由主席李圣章报告开会的目的，并要求代表团表示他们对于山东的问题的意见。陆徵祥的回答不着边际，其余的代表们除魏宸组以外并没有发言。这时同学何鲁（字奎垣，四川人）走到讲台前要求发言，他就指着陆徵祥大责问他，问他二十一条是不是他任内所签定，陆徵祥无法否认，只好当众点头承认。何君这次所说的话甚为激烈。所以后来顾维钧在北平曾对人说这般法国学生甚为可恶，见了面就想要骂人，大约就是指的这件事情。到了开会已经两个钟头，有不少的学生发言以后，陆徵祥就拿出他的外交手段，举起茶杯说：“今天话已经谈好久，我很同意大家的意见，特敬大家一杯。”他不等主席宣布散会，就借这题目率领代表团退走了，这是五月以前的事情。在四月里就听见说列强对于日本在青岛的优势或予加以承认的消息，原因是五强之一的意大利，亦因为跟赛尔维亚（Servia）边界的争执不高兴而不出席，于是美法各国又恐怕为山东问题得罪了日本，而使日本退席，于是五强变成不全就开不成会，法国极力劝美国让步，威尔逊总统只好答应。这消息至五月一日的报上就登出来了。我为什么记得这是五月一日，因这一天是劳动节，巴黎的工人全罢工，交通停止，我们就关到国际和平促进会的办事处，看见晚报上登出这消息，我更记得同学陈扬杰当众痛哭流涕，顿足大骂列强的不讲公理。

在这以前中国国际和平促进会曾写一封请愿书诉说中国对山东的权利。请愿书的稿子共分英文、法文两种，英文是由王雪艇起的草，法文的是由谢东发及李圣章起的草，稿子写好了以后，我就同李圣章到打字行用腊纸打印英、法文各一百份，谢东发是生在巴黎的中国人，他也得到法学博士，后来在国民政府时代，他在巴黎中国使馆任乙等秘书，他爱国甚烈，对于我们会务帮忙很大。会里杂务事件先是由徐海帆先生经手的，到了一九一九年底他回国去了，就由陈孟钊先生接着办理，请愿书既然打好以后，就以中国国际和平促进会名义在哲人厅召集大会，向巴黎和会请愿，那天是由法国人权会会长布义松（Bouisson）主席而由汪精卫名义讲演，事实上汪精卫不懂法文，所以由祖兴让代他宣读，祖是在法国留学的学生唯一得到法国中学毕业文凭的，所以他的法文甚好，另外有美国人法国人讲演，颇为热烈。

虽然有以上各种举动，但是中国代表团想签字于和约上，并不稍减，并且陆徵祥离开了中国代表团办公的大旅馆，藏匿在巴黎西郊的圣克卢（St—Cloud）。我们也找不到他的住址，我们就托郑毓秀女士探听，她又转托了前不久刚逝世的张默君女士，因为张女士同中国使馆有来往，使馆中人不疑心她会告诉我们知道。到了和会签字头一天，王雪艇、李圣章诸先生及若干工人，总共有卅余个人夜晚皆到了圣克卢，陆徵祥口里说不肯签字，但是大家对他仍旧怀疑，预备第二天再去监视他。因为夜晚陆氏随从以为人数甚多，报告给他，使他发生畏惧，这也影响到他第二天的态度。

到了第二天一清早,共有学生工人四十余人,包围了圣克卢陆氏的寓邸,陆徵祥的汽车已经停在门口,大家就推派李圣章一人代表进屋见他,李圣章就问他是不是不签字,他说一定不签字,李圣章就说你要签字我裤袋里这只枪亦不能宽恕你,一方面李圣章拍拍他自己的口袋。这一天他袋中的确有一只枪,另外这天工人中带有手枪的也大有人在,预备等陆氏上车的时候,他们用枪打毁他的车胎,使他的车开不动。在圣章方面,他已经写好了一份自白书,预备打死陆徵祥以后在警察面前自白。可见他是有决心的。陆徵祥看见局势危险亦就不敢再到凡尔塞去签字,当天的晚报登出中国代表团在签字时缺席,这一场历史故事就此结束,因为中国代表团在和约上没有签字,青岛问题成了悬案,这就引起了后来的华圣顿会议。

因为对德和约包括有国际联盟的条款,不签约岂不丧失了国际联盟会员的资格,我们对此也曾加以研究,以为对奥国的和约也包括有国际联盟的条款,中国对奥和约是无畏惧的可以签字,等到对奥条约签字以后,中国自然也成为国际联盟之一员了。

和会闭幕以后,中国国际和平促进会仍旧存在,不过我们转向对华工辅导的问题,同招待留法勤工俭学会初到的学生问题。我记得就在圣日耳曼大街那所办公的地方,我们曾招待第一批留法勤工俭学会的学生,现在尚能记得的有徐悲鸿、盛成、李立三等,当时李立三原名李隆郅,盛成先生现在在台湾。就为了华工的问题,曾在哲人厅召集使馆的人开会,中国公使陈箓不敢出席,派头等秘书王曾思为代表,工人大怒几乎将王曾思打了,这已经是民国十年的事情,我那时已经回国了。

附录一　陈孟钊先生从美国来函:

玄伯学长大鉴:

惠书备悉,所谈往事已相隔将近半个世纪之岁月,故记忆模糊,承示各点,谨拉杂列陈如后,仍请教正。

一、①陆临时隐避之别墅确在"圣克鲁"(St. Cloud)。

②和促进会址大门 53, Bd St. Germain,后门街名似为 Rue de Jean de Beauvais,门牌号数是九或六或五,已记不清,希就近请问海帆、申伯二兄证明并请鉴定。(侗按:似为五号。)

③前一天夜晚大家未曾推王或李及任何人代表见陆。

【注】当时大家态度以为政府既命令代表团出席签字,测定我们所反对之和约已难理喻,只有以实力包围陆首席公馆,阻止出席签字。当夜陆既避不见面,我们亦不急于要见也。因知绝难以言语说服,以群众实力行动示威促进代表团诸公屈服。

犹忆大家先后分乘火轮二船在赛恩河(Seine)前往圣克鲁,我与圣章首批出发,到达目的地时太阳未落(夏季)。陆寓为一幽美大花园,楼房一座,园地很宽,大小花木成林,我们到达园地后很快就知道陆及随员都在屋里,同时他们很惊慌我们竟发现他们秘密住宅。(据传政府命陆签约,陆亦探知我们要阻止,特赁屋在巴黎近郊藏避,时陆脚难行,曾备好手杖出席签约。)将到黄昏,直至深夜,学生华侨华工由各处陆续到达,愈聚愈众,大家伫立满布于花园树林中,形式严肃,颇有草木皆兵之势。圣章携有手枪,我事前不知,在往圣克鲁途中无人处,李将枪亮给我看,暗示在必要时准备一拼。如果事件扩大,要我会合同志妥筹紧急办法,彻底制止签约。华工亦多携有手枪,至于老郑曾藏暗器否,当日未加注意。唯一九五九秋在纽约会见时,谈及巴黎往事,她说明在圣克鲁花园时,曾折树枝暗藏袋中,装作兵器助威云云。忆老郑当夜很活动,因她认识代表团人与学生华侨同样的多,因此她随意跑进(别墅内)跑出(花园),另有中国报人(似是夏奇峰)参加赶热闹。故里外之虚虚实实,情报传达很快。陆既被围相当紧张,大楼灯光终夜光明,而园中群众亦决定守夜,竟影响陆违背府令屈从群众不签约之决心。

　　惟当夜圣章、雪艇、鲠生及弟等曾分别见到王儒堂、顾少川,(一)见王时似已夜深,他暗示同情于我们,惟表情严肃,面色暗淡。他一面静听取我们声明,一面在客室中慢步不停的来回打转。(二)顾倒从容和蔼,惟以外交辞令作不着边际之表示。(当时他是北洋代表,难怪他难作表示。)

④当时圣章发言反映实力,加强效能,但我认为陆之不签字,确因头夜爱国群众全力包围功劳,不仅是代表们面陆时说服,乃无可讳言。另要说明者,即当时及事后颇有人以为此次行为具有政治背景。如当日清晨,南方代表汪精卫、伍梯云都赶到圣克鲁,当时我与汪等同在陆别墅客堂。汪、伍自然拥护我人立场,忽有代表团某高级团员(似为严鹤龄或王景岐,已记不清),面向我人而请求汪出面解围,以为我们是一鼻孔出气,我不待汪发言即出面声明告以余人此次爱国行动乃出自全侨意愿,并非被动,汪虽为吾人所钦佩,但他哪能担保政府不签约,更如何要我们解围呢……此随便表示立场,纠正他们误解,随即忘掉,不料汪竟记在心里。在一九二四孙总理北上驻节天津张园(张勋住宅)时,我随李协和(烈钧)晋谒总理,时适汪亦在。汪为我向总理作特别介绍,并报告当年巴黎和会同人奋斗情形,并提及我当年在场一段谈话之往事。总理在病榻前面带笑容,连称吾党主张废除不平等条约,竟先由巴黎同志开始努力推动,而海外青年之独特勇敢行为亦反映吾党革命精神云云。因有此一段连带经过,故记忆犹新。

⑤和平促进会创立于巴黎和会时,仓忙凑合实事求是,组织简单,仅干事数人协力活动,并无主席或会长之设置。圣章任中法文书记,鲠生、雪艇任英文书记,弟任会计兼打杂。

【注】会所交通方便,会场宽大,和会时期适暑季,同学

多暇，除专任干事外，玄伯、毅夫、廷瑚、申伯、扬杰、叔陶诸兄，每日早晚常到会参加筹画，贡献良多。

和平会经费除同志掏腰包外，多由侨胞及参战华工捐款。华工尤热烈，因多系山东籍，反日侵略尤力。回忆华工领袖常到会，并一再向我表示，愿出钱出力，如有需要，随时可动员三四十华工作我人后援云云，余深为感动。

二、于出发圣克鲁前临时分编两部队，一为行动部队，由圣章、和铣、雪艇、鲠生、来庭、谢东发、徐廷瑚、陈扬杰、申伯、李叔陶等领队，一为监察部队，由玄伯、毅夫、老郑、申伯等主持分向各方联络动员，前往圣克鲁集会，并监察代表团人员行动及指导在场之群众等事项。

三、结论

此次行动确为和促会同人竭力号召，并领导全侨群众，完全达到任务，半因同人于本着良知良能结合爱国同志，用主动立场，纯洁精神，精诚团结，一心一德，全体合作行动，阻止签约；半因和会在巴黎就近监视，及发动最为有效，亦釜底抽薪之措施。

【注】此次归功于人杰地灵（巴黎）。所谓人杰，当时法国优秀同学群聚，巴黎更能与留英学生合作，扩大声势（雪艇、鲠生转到巴黎法大研究院，预备博士论文，与留法学生胡世泽、陈和铣、戴修骏等同时），并能沟通侨胞华工愿望，充实力量，众志成城。故巴黎阻约运动，非仅为学生运动，实结合侨众合力组成之运动。拉杂陈述，不识有助于兄回

忆录资料之万一否？并

叩

撰安

弟和铣拜启

一九六五年三月廿五日

附录二　徐海帆先生来函：

玄伯兄：

日昨在恒杰堂晤谈甚快，关于巴黎和平促进会事，就弟所记忆，拉杂写出一两则小故事，用备参考。弟曾担任文书及会计，弟向来花钱不记帐，因回国将帐目及文卷移交他人，现款差四百五十佛郎，交代时总想不起来错在哪里。还是接管人查出，款已支出，并未入帐，总算没有被人加上一个"交代不清"的罪名。

我国出席和平会议的代表团以陆徵祥为首席，在巴黎欢迎大会中何鲁（字奎垣，四川人）发言极为壮烈。所以和平促进会的人坚决主张青岛问题，不答应我国的要求，决不签字。陆首席代表甚为动容，接受学生意见。威尔逊到巴黎时，我们很多人曾赴美总统行辕请愿，虽未被接见，请愿书总算递上去了。

徐廷瑚拜上

回国任教及祖母病逝

民国十二年即西历一九二三年，这时我年二十八岁。在过年的时候，我尚住在柏林的康德路（Kant Strasse），这是一所公寓，面对康德街的火车站。忽然接到家中一封信，说是我的四弟惠季（宗侨）在天津义租界病故，他恰好比我小十岁，手足之情不觉十分伤感。后来回国后，方才听说他的病情，大约害的是肺炎，而为一位中医李先生所误。他是南开中学的好学生，后来我回到北京，遇到张伯苓校长，谈起我的弟弟。他尚甚为惋惜。四弟是父亲所最宠爱的，就因此父亲悲痛万分，以为他自己亦就不久于人世，甚为紧张，所以我亦只好预备回国。

　　我自从前一年，常常感到腹部的右边不太舒服，我也曾请教过一位巴斯德学院（Institut Pasteur）的研究员，他与五叔是老同学，专门研究肠胃病的，他那时方配成一种针药，专治肠胃，他送了我十针，并介绍我到赛纳河左岸，离里昂车站不远的一位医生，我就每隔一天去注射一针，但是并没有甚么成绩。这是前一年的事情，后来我又到德国，亦就没有理会这件事；到了现在要回中国，就到一位德国医生处，照了 X 光，据报告说我的盲肠比较有点肿大，医生亦劝我不如割去，以免发起炎来，临时手足无措。但是后来我想我在法国比较熟悉，不如先回法国割治，所以我就先回到巴黎，同行的有戴毅夫兄，他亦是预备一同回国的。到巴黎后我仍旧住在罗马旅馆（Hotel de Rome），因为我往德国的这段时间，房子并没有退，我仍旧每月付房钱。这一年我在柏林比较同傅孟真先生来往较多，他曾在柏林市中心区一个最大的饭店 Kanpinsky 请我吃过饭。就在这里初次遇见张道藩先生，他是在英国学艺术的。这饭店有五层高的大楼，我们是在第二层楼吃饭，拿德国马克算起来实在是一顿微不足道的饭，我亦一个人常在那里去吃饭。

在巴黎我请了一位医生给我开盲肠，我头一天住在医院里，第二天早晨八点钟不吃早点，医生就将麻醉药敷在我的鼻子与嘴之间，这是我头一次用全身麻醉性的，这时似乎是在三月，确实的日子我现在已经忘了。只记得麻醉剂敷上以后耳中仍听到窗外的鸟叫，我就问医生说恐怕这药不灵，何以我仍能听见鸟叫。其实我自己以为在说话，可是事实上医生没听见，因为这时我已进入麻醉状态了。等到我醒了以后，大约是十点多钟，我只感觉想要呕吐，这是用麻醉剂以后最难过的时间。到了夜间我口渴得不得了，我就向请来的特别护士要求喝水，但是她说医生绝对不允许，后来经过很久的谈商，大约已经到了夜晚十点钟，一把小水壶，将嘴略微的漱漱，仍旧吐出，如是者一直到第二天早晨八点钟方准我喝一口水。这天早晨医生来看视，认为手术甚为成功。不久叔陶弟亦来看视,从此以后的两个礼拜,不断有朋友来看我,所以在医院中并不寂寞。医院中照料我的一位护士是丹麦人,除她的本国语言以外,她能说英法两国语言。医室前临小院,早晨常由护士扶我坐在窗前。这所医院是在巴黎的西南部 Rue Vaugirard,离巴斯德学院不远。

出了医院以后我就预备回国,结果我同戴毅夫在六月初往马赛,又加上了王子方兄(祖槊),他是我的同乡高阳人,他的父亲王法良,以善书颜字出名,现在世界社所藏的刘中使帖真迹,就是他府上的旧藏。王君在巴黎学化学,得有硕士学位。到上海后我就先电请家中派孟麟符(书瑞)表舅来接,他是我外高祖母孟太夫人的内曾孙,他自幼就在南皮张府上管理家务。我叫孟表舅来接我的缘故,就是因为四弟已经故去,而父亲来信中又说他自己病得严重,我恐怕家中发生了变故,想听听孟表舅说的情形,好有一种准备。其实父亲只是紧张,因此他的情绪非常的低落,并不是很严重的事。等到回到天津以后,家中已经搬到英租界的一所房子,房子比河东的小,我看了情形,亦就深感放心。

船到西贡,蚊虫甚多,恰遇见蔡子民丈率其子女往法,我就登舟谒见。蔡丈第一句话说你何以回来的如此迟慢,学校早已通过聘你为法文教授,方预备你早些讲课。当即告以治病的情形。

过了两天我就到北平去,开始我在北京大学上课的生涯,我有时间偶然回到天津,但是到了旧历八月廿六日以后(八月廿六日是我祖母的生日),我祖母的精神就一天不如一天,我就同五叔五婶不断的轮流回天津看视，我一面忙家中，但另方面仍须照顾北京大学的课程。我是法文系的教授，我初到的时候系主任是李景忠，他也是法国老留学生，并且娶了一位法国太太。当时系中连我共有四位教授，一位就是李景忠，另两位是贺之才、杨芳，他们几位全都是老教授，教的功课很轻松，如法文选、戏剧选、小说选等不过教学生诵读，加加解释而已。李景忠就把他们所不肯教的，或不能教的新功课全交给我教，每周十二小时，如法国戏剧史、法国近代文学史，这些全都得预备讲义，没有印好的书可教，所以我初次教课的人感觉非常的吃力。教了两个礼拜以后，我就找李景忠提出抗议，我说只能教两门预备讲义的功课，另外再加上两门选文诵读等类的功课，李景忠亦感觉以前的教法是太不公平，我就把法国近代社会史让给他自教，我换来两门选读。

祖母的病状愈来愈厉害，中医说不出所以然，就让他煮萝卜、梨、苹果各种水汁喝，其实这种全都不能治病，但是亦不会喝坏了。这位中医年纪甚老，在天津甚有名，但是这种滑头的方法无济于病。五叔请了西医，照现在的看法说来是老年人的肺炎，盘尼西林是第二次世界大战中方发明的，但已经在民国三十二年左右，距离这时几乎二十年，所以对老年人的肺炎是一种不治之症。我们就分着来值夜班看守，一夜是我同母亲，另一夜是五叔五婶。过了若干时间，我因为学校的功课不便于耽搁太多，这一天我同五叔两个人回北京，五叔预备第二天回来，而我预备多住两天回来。不料就在我上课的时间，家中来电话说孟表舅来了，说祖母的病极严重，让我回天津，我就心里知道不好。到了东车站，孟表舅对我说祖母已经在昨天故去，这天大约是旧历的十月底，祖母享年六十九岁。她这种毛病大约已经不只一天，记得前一年住在北京时，祖母住在北上房，我住在东厢房北头，这就是祖父文正公旧住的那一间，每晚祖母上床以后，必定咳嗽一大阵，方能安寝，我在厢房听的甚为清楚，但是不为旁人重视而已。

到了天津以后，祖母已经穿好了衣服停在床上，母亲就给我戴了一顶红帽结的小帽，因为我那时间尚未穿满大伯母的孝服，这就表示我脱了她的孝，然后再换穿祖母的孝。第二天祖母的棺材也来了，这是一种很贵重的棺木，名叫阴沉木，本来在二十几年前为祖父所做，因为做得太小，祖父高大不能用，就存下来为祖母之用，灵堂就设在隔壁原来是做饭厅用的一间。在孝案中间挂着有吕镜宇（海寰）丈的挽联，他是祖父的门生，他的第二个儿子又是我的妹夫，所以他的下款自称门下士姻愚侄，挽联甚长，我现在已经不记得了。右侧的门上挂有吴菊农（敬修）丈的一副挽联，他亦是祖父光绪甲午科的门生。我现在尚记得这联文字，上联是："相业佐吾师，四德芬芳流泽还。"下联是："心交推令嗣，卅年门馆感恩深。"第四天五叔就回北平去了，我在天津住留了十天，也就回北京上课，并同五叔筹备在北京开追悼会的事宜，追悼会开得甚热闹，来的人也甚多，是在宣武门外下斜街畿辅先哲祠，这是祖父同张文襄及张幼樵（佩纶）丈等所创立的，专祠河北省的名贤，正殿后边花园中有一个大厅名叫绿野堂，追悼会就在那里开的,厅中满挂着挽联,相片的旁边挂着吴稚晖师的挽联,下款自称门下士。这次祖母的丧礼是使用两种不同的方式,在天津是开吊,在北京是开追悼会,开吊是旧式的,由父亲主持;开追悼会是新式的,由五叔主持,追悼会名义是由同乡会、各科同年会、北京大学、中法大学及中法大学所属的西山各学校所发起的。五叔并在发起文中说,祖母的遗言将祖父的藏书办成一个高阳李氏图书馆,所以赵次珊(尔巽)丈送的挽联说:"筑室忝居门生长　遗志完成诒砚斋",就是指的这件事而言,诒砚斋是祖父的斋名,而他是同治十三年甲戌的进士,这是祖父主持最早的一次会试。但是这副挽联是送到天津的,而次珊丈他在追悼会的头一天到先哲祠来的,恰好我在那里,他就对我说文正公的事迹外人知道的不多,因为他很谨慎,对于朝廷上的廷争辩论,他恐怕对家里人亦不肯说,但是他对国家的贡献却是很多,这是我唯一的一次看见次珊丈,他彼时已经快八十岁了。他说他记错了追悼会的日子,其实恐怕是他不赞成这种新的办法,听说他头一天亦到过天津。祖母在天津开吊以后,就移灵存放英租界以南的江苏义园,那里有很多房屋专门为停灵柩的地方。

北大教书与办猛进杂志

由民国十二年起，到民国十六年夏天为止，我在北京大学担任教授共有四年的时间。那时正好北洋政府经济困难，公教人员的薪水全发不出来，所以总是在欠薪的状态中。我在这四年中，薪金是每月两百二十银元，但是事实上，我每个月只领到一百一十元，恰好是半薪。幸而我家中尚有祖产少许的田地，在天津乡下，卖了足以维持生活，所以我亦不仗着学校的薪水。彼时北平的教育界，皆因为欠薪而难维持生活，于是兼课之风大作。常有人兼课到五十几小时一星期，当然这时间是不够的，于是不得不采取特别的方法，就是假设两个学校的钟点相冲突，他就轮流着在两学校告假，这种怪现象，在现在想起来，既可笑又可怜。我并没有兼过很多课，我只在国立高等师范学校兼任史地系的讲师。当时北平的习惯，兼任的教员，只能称作兼任讲师，而不能称为兼任教授，虽然待遇及地位全都相同。我虽然在法文系任教授，但自从民国十二年起，我就与第三院（在旧译学馆地址）的北大研究所国学门来往的甚为密切。所以与国文系的先生们亦交了不少朋友。就因为祖母逝世，我有时回天津去，有一天在天津鼓楼东的一家书铺里，看见张文襄家里卖出来的几十箱书，其中有明进呈本写本《武宗实录》，本子甚大，朱丝栏写的甚为工致。又有《崇祯存实疏抄》，共十大本，这是清朝初年抄的崇祯年间奏折。我因为当时没有钱，就介绍给研究所国学门共价一千余元。在民国二十年以后，《崇祯存实疏抄》由商务印书馆印出流行，按张文襄公素喜欢买书及字画，琉璃厂是他常去的地方，而且在各地方他皆倡议设立图书馆，如在山西巡抚任内，他亦捐了不少书给山西所设的令德堂。据徐森玉（鸿宝）先生说，彼时恰在山西大学读书，张文襄所捐的书籍颇为齐整，并在每本书上写明"张之洞捐赠"字样。按徐森玉先生对于金石书画书籍版本，无一不在行精通，为世人所共知的。他今年已经八十七岁，鲁殿灵光，蔚然存在。但他年轻的时候，是在山西大学学化学的，而他曾经翻译过一本化学的名著，这是他亲口对我说的，但现在的人多半对此层全不知道。返回来再说到张文襄公，他在山西外在广东的广雅堂、四川的尊经书院、湖北的两湖书院，莫不设立图书馆，并且他捐赠了若干图书，而他最后做大学士管学部的时候，又创立了学部图书馆，这就是北平图书馆的前身。张文襄私人藏书亦不少，但他逝世以后，由各房分家，每房大约分到几十箱书。天津书铺这几十箱书恐怕只是某一房所卖出来的。至于字画一方面，据先君对我说，他专买冷僻的人的画或字，先君在光绪年间，有时陪同他逛琉璃厂，看见过他买年羹尧的字。但是他在书同字画上全没盖过图章，所有字画上盖的"可园"的图章，是文襄公逝世以后，其子君立（权）太姻丈所加盖的，比如我亦曾买到过几件，如王鸿绪、赵执信的字即盖有"可园"的图章，另有"续雅"及"南皮张氏可园考藏辛壬两劫所余之一"，皆君立的章。因为我同研究所主任沈兼士先生，常讲说欧美保存古物的办法，因此他就请我做研究所的委员，同时的委员有沈尹默、朱希祖、马幼渔、陈汉章、叶浩吾（瀚）诸位先生。我们常笑称，朱、马、陈、叶四位，为四老。其中以叶浩吾先生年最长，他是同吴稚晖师在上海创办爱国学社的旧人。而陈汉章先生是北大前身京师大学堂第一班毕业的学生。至于朱希祖先生比较最年轻，但是因为他早就留着长胡须，颇以老自居。在研究所中，更认识了顾颉刚、容庚、董彦堂诸先生，他们皆是研究所的助教。这里边的委员多半是中文系同史学系的教授，至于外系如法文系等，只有我一个人。沈尹默同沈士远及沈兼士是亲弟兄三人，是浙江吴兴县人，吴兴本来是沈氏的郡望，所以他们是"吴兴沈氏"真是名副其实，在北大有三沈之称。尹默的年龄最长，他方于前年去世，年八十六岁。他本来写北魏，所以国学门研究所那一块匾是他写的，尚是北魏体。后来他又写米，又写王。我记得与他有关系的两件事，就是胜利以后，他在上海开过一次书法展览会，他临了一副米芾的条幅，并加以注解说，人家皆说故宫所藏的这副米芾的真迹，为李玄伯所盗换，请观者试看我所临的原本，可能曾经被盗换乎？并且在他这题跋以外，我们又知道，原米字仍旧是南宋的裱工，我又何能盗换后仍找到南宋人来裱呢？另外一件事，我求他写字已经很多年，他总没给我写。胜利后在上海，有一天我碰见他新娶的太太褚大小姐，她问我，你有尹默的字吗？我就告诉她说，由北平求他写起，他至今未能给我写。隔了两天，褚大小姐就给了我一副尹默所写的陈后山诗句，我这件已经带到台湾，同兼士从北京寄给我一副甲骨文的对联一同保存。

这一年，我并且同徐旭生等诸位先生，创办了《猛进》杂志，这件事亦是偶然的。我这时方住在北京东城锡拉胡同东头路北一号。这是原内务府郎中庆宽（他的号似乎叫庆小山）的产业。他家中甚有钱，有房产甚多，北平人称以房产为生的为吃瓦片的，他就是有名的吃瓦片者之一，他并藏有瓷器很多。因为父亲甚为迷信，家中先有四弟的去世，又有祖母的逝世，他就疑心我们在北平丞相胡同旧宅不吉祥，再加以冯公度的主意，所以他叫我在北平另找一所房子去住，我就找到庆宽的这所房子。锡拉胡同曾住过无数的名人，在锡拉胡同的西头，就住过王莲生丈懿荣，他亦是先祖的门生，后来经庚子之难而自杀，得谥文敏。在中间又住有同光时代的内务府大臣广绍彭（广寿），他与先祖及翁文恭同龢皆是盟兄弟。离着他那里不远，就是袁项城的旧宅。自从清世祖入关以后，曾有上谕，令内城居住的人民除在衙署及庙宇者以外，皆迁居外城，所以在内城居住的多半是满人。而凡各省的会馆皆设在外城，无一所在内城者。内城的房屋比外城的宽大，比如锡拉胡同中这所房子，前门在锡拉胡同中，而后门通到烧酒胡同，占据两胡同中间的面积。并且乾隆以前，大臣们常以赐居内城为荣幸，就是因为内城根本不许汉人居住的缘故。

我在锡拉胡同的时间，恰好碰见我一个族侄李法杜，号兴秋，他一天在破书摊上，很便宜的买到一部明版百回本《水浒传》，我一看见甚为惊讶，因为一百二十回本《水浒传》已经为商务印书馆所印出，而百回本素未为人所发现，我就送他两百银元转购得。他又介绍了一家印刷局给我，我就用铅字将它排出，不过我这次为印刷局所骗，他印书以后，因为没有资本周转，除将印得的书给了我一百部以外，就将所印者全押给旁人，而我跟他要书时，他一部亦不给我，人亦不见面了。后来他就偷着廉价出卖，我这次大约损失了两千元。我当时以为确是明嘉靖本，但是若干年后，我在上海看见郑振铎先生，买到了一本百回本《水浒》，白纸大字，那方才是真正的嘉靖刻本。但是可惜只有一本，不能如我这一部的完备。我并且作了一篇《读水浒记》说明水浒故事的演变。最初只有若干短篇的，时当起于南宋，后更合为长篇的四传。更后合其中的若干而成为百回本、百十五回本、百二十回本、百二十四回本，这当在明代。至于七十回本则为金圣叹所独创，已在清初。胡适之先生颇以为然。

我方才写到《猛进》杂志这件事，因为我那时无事常到前门外观音寺青云阁楼上吃茶，并同徐旭生先生谈天，偶然一天谈到何不办一个刊物，两人全同意了，就办起了《猛进》杂志。我们一共约集了十个人，每人每个月出十块钱，共一百块钱作为印刷费。封面"猛进"这两个大字，尚是请一位甘肃朋友写的。这时北京大学的同事们共办了三种杂志，一种是《现代评论》，是王雪艇、周鲠生等人所办；一种是《语丝》，为周作人、鲁迅弟兄所办；

另一种就是《猛进》了。这里边以《猛进》出的时间最晚，徐旭生所写的文章最多，我写的次之，林语堂亦偶然在其中写过文章，共出了一年多。到了十四年年底，我就忙着清室善后委员会的事情了。我到清室善后委员会是以顾问的名义，大家总以为是家叔的关系，因为他是清室善后委员会委员长，其实是由于沈兼士先生，因为我们以前常谈论到故宫的文物应该公开，以备国人的详细研究。这种议论曾见于报章，因此亦引起王国维先生的抗议，因此亦就引起沈兼士先生拉我到清室善后委员会做顾问的原因，这种原因且在下文慢慢的来谈。

在北京教授四年的工夫，这正是北京闹学潮的时代，我记得有一次，北大的先生同学生混杂着排成队伍，往东四牌楼段祺瑞的住所去请愿。他住的这个胡同不太宽，所以大家只好分成两排鱼贯而入，到时段的卫兵已经将里边的铁门拉上，用枪对着来的群众，我这时恰好立在沈兼士先生的身后边，而沈先生因卫队拦阻而与他有所争执，卫兵就将枪抵住沈先生，我一看这情形甚为危险，如果卫队一开枪，不只打死沈先生，恐怕连我亦同时受伤，所以自从这次以后，我不再参加示威运动。可是徐旭生先生在另一次示威运动中，就在西长安街被军队打掉了两个门牙，这一次林语堂先生亦受了轻伤。因为在北大所办的各种杂志中，《猛进》是以批评北洋政府著名的，虽然因此引起了很多疾妒者，但是颇得当时北方主持共产主义的青年所欢迎，我尚记得有一次，CY派了人来作代表，叫做范鸿喆，来找我们接头。意思说我们同是反对北洋政府的人，何妨合作。经我与徐旭生、陈孟钊、戴毅夫、李润章诸位先生商量后，就回答他们说，我们所走的方向固然相同，但是不妨各走各的路，因此就拒绝与他们合作。我还记得范君暗中透露，他可以做经济上的帮忙，我们因为开销有限，更不愿要他们钱，愿意做一个独立的文人机关杂志，而不愿意依傍共产党。这大约是民国十四年的事情。

到了第二年，民国十五年，北京就发生天安门惨案。这一天我正同陈孟钊先生等人去游北海，在倚澜堂正吃茶中，忽然听到无数的枪声，这就是所谓天安门惨案了。后来范鸿喆同李大钊等皆在俄国使馆被捕，并处死刑。而段祺瑞在此以前就下通缉令，通缉了五个人，里边有共产党的人物如李大钊、徐谦；亦有国民党的人物，如顾孟余、易培基、李石曾，共计五人。其详情当在另文中提到。

朱家骅傅斯年致
李石曾吴稚晖书

國立中山大學緘

这封信是民国十六年五月十六日在广州国立中山大学由傅斯年（孟真）先生亲笔所写，而由朱家骅（骝先）先生署名并盖章，由顾颉刚带往上海面交的。在抗战中，家叔李石曾先生离沪往重庆，他有一大批文件存在上海福开森路世界社的楼上，当时世界社的楼下两层皆被世界社所办的世界学校所占有。主持世界学校的陶君畏惧日本人来检查，竟将楼上的文件开始焚毁，等到我听见这个消息去看时，已经剩下不多了，我就将若干封信及日记、翻译的稿本、书籍等抢救出来，这封信也在其中，幸而未毁，可谓大幸。这封信是在四月清党以后写的，所以头一行就说："先生为党国劳苦，扶危定倾，一怒而群魅息，幸佩何如！"第三页以后，他们两位大讲办中大的方法，尤其关于办中国语言文学系，与后来孟真先生办中央研究院史语所的方法相同。我们读了这封信，更可以明了他对于研究学问的新方法。前几天我特别到家叔处，将这封信拿给他重看，得到了准许发表的允诺。附志数语于此，以告读者，并附释文如下：

石曾先生、稚晖先生惠鉴：

先生为党国劳苦，扶危定倾，一怒而群魅息，幸佩何如！远道人闻之，亦为之奋发兴作。

此次举动，恰当良时，再迟则不能为力矣。当汉口汹汹之时，后方有主张"广东独立"者，曾养甫即其人也。彼意在以广东为中心，以联起各省党部在广州开会为办法，即以己为中心之术也，以广州自动"不患蒋不来"为开端。骅对此思路，心忧之至。当时骅等主见，以为（一）必前后方商量一致，同一时日、同一目标，乃至同一口号。（二）必待沪上南京下后，渡江追虏，至可守之地。（三）即日造出中央迁南京之口号（在广东此口号自中大发之），以庆祝克复沪宁之（广州）大会公开反武汉。吾等急切劝人干，乃不幸又败于无能胆怯之曾养甫手中。（四）以中央监察委员会放第一炮，而以各省党部应之，军人作为奉命执行，盖所以维持中央之系统也。此外则对奉对外更为坚决之奋斗等等。任潮先生及慕尹、镜塘诸师长，深明事体，遂赴沪取决于大会，而广东未为先时之动。然思借此成己之事者，固有人也。

此时我等对于党国大计，有下列三项，思为先生一陈大略。

（一）"子产杀邓析而用其竹刑。"国民党在组织上，颇有些应当改善的地方，如照现在的样子下去，待"四万万同胞"都进了国民党，恐怕党就亡了。原来以党建国，而不容有他党者，以中国散沙一般之社会，无统治者之组织。欲集合肯革命能革命之分子，以为中心组织而革命建设也。今若组织涣散、训练不周，则其腐化可立而待。如何训练青年、组织有效，先生必有以策之。

（二）农工问题　国民党之成功与失败，有一时与永久之别。此时之成功，仅是一时的。若农工问题不完满解决，若民众对之无兴味，这成功不能为永久的。

（三）国际的理想主义　对帝国资本主义应打到底。如革命之目光所及，不出中国之内，亦恐最好的成功，但如日本，由国家思想而成功，自成一个帝国主义，非所以改建中国之文化，而为人道竞争也。故我等所见，应于弃捐第三国际之关系而后，自组织一个"国民革命联盟"，姑戏字之为蓝色国际，既取党色，且示公平。其宗旨在解放遗传文化的、经济的、民族的拘束，颠覆资本主义及殖民政策，而成就一切民族之自决与独立。其入手办法，在联起土耳其、墨西哥，而招致一切殖民地弱小民族。凡想成事必须有一世界的胃口，有一崭新系统的理想，有一重造世间之愿心，然后可以振动作之力，收青年之心，为果断之牺牲。否则局促于一国之内，软处于商业化的列国之间，其不自亦为商业化者几希矣。

中大情形甚可乐观。家骅留此，全为此事。去年在中央北迁，及季陶先生北上，五委员仅余骅一人，深虞陨越。然黾勉从事，自今观之，大可发展。盖中大经费较充裕，而自改革以后，一张白纸，可以我们经历所见，作些甚新之试验。先生不要疑心里面也有文科，又是提倡洋八股，这是不会的。稚晖先生每提到洋八股，常常牵骂到斯年身上，久思抗议而无机会。五年前，在欧时，见到中国之大兴国学，大谈其所谓文化，思著一小书，姑名为《斯文扫地论》，其中章四：一、绝国故，二、废哲学，三、放文人，四、存野化。Dedicated 于秦丞相李斯，或吴稚晖先生。后以为时间已过，不复用此，遂未下笔，亦由懒惰。杀洋八股之釜底抽薪法，在把凡可为八股之材料，送入历史博物馆去，于是乃欢迎顾颉刚一类贤者之至。至于不得不有之国文系，已改为中国语言文学系，但思为中学校造几个教中国话——不容易——的教员而已。斯年在此负文科责任，必使斯文扫地而后已。（眉上批："文科进行计画书及教程日内印出奉寄。"）谓予不信，请二位先生看一年后之结局，是不是实行了吴稚晖主义！

医科已请到了七位在德国做教员或 oberarzt 的，希望办到有同济之实，无其臭气。农科已请到两位，半年后大家有为老圃之资矣。工科以孟余先生之坚持而划出，但我等早想重开。任潮先生亦变成吴稚晖的信徒，发了一个十万一月工科的弘愿。我们暑假先设工预科，明年暑假亲去外国聘教员来。务以此为建设广东之用。总而言之，我们决不为装饰品，决使中大真有效用。

我们又在这里筹一齐聘北大文理等科之良教授来此。既可免于受压迫，并开此地空气。已去请者，有马叔平、李玄伯、丁山、魏建功、刘半农、周作人、李圣章、徐旭生、李润章诸先生。并请一切被压迫之同学来，筹三万元，以为贫学生之贷金，及来广川资。我们于大学日用省得无复加，且于此等事上大大破费一回。（眉上批："希望两先生千万助成之。"）

中大委员中有顾孟余、徐谦二名字，似乎非改不可了。此间同人及学生之渴望，拟请二位先生、孑民先生、汉民先生中（或亦加静江先生），任其缺者。其中之一副委员长，此间同人以骅专为此工作，尽日思筹策之迫行，意在由骅任之，骅未敢自信也。（眉上批："季陶先生之委员长自然不更动。"）近中广大旧人颇思"复辟"。骅等以为中大总不能使之"乡曲""地方"，且如复旧，亦甚违去年党部政府毅然改革之初心。故骅等特托顾教授赴上海安置招生事件之便，奉上此书。乞先生为中大之公意主持，如此中大家所愿之人以补之，既望先生不却此间学生之盼望，更望先生在中央主持，早发表之，不独吾等之幸也。

此间大局由任潮先生维持，各派甚费神力，差得安宁。惟近中有些派攻陈孚木甚力。陈用人实有不当，然攻击之者亦是借题发挥。陈于四月十五日之举，事前忠心效力，颇有功绩。如果"通敌"，以彼地位，大事败矣。闻有人诉之于中央，似乎中央对之，仍应调停。如抑一面，恐滋纷扰。

曾养甫纯是一官僚，好动、居功（如上所述），而胆实小，在他思动未成之后，索卫兵，思逃走。而事发以后，抓到一切事,身兼二十七八务,而事事废弛。专门利用人,遂引此间反感。彼之工作,皆在日日出现于大人物之门,事务固全不处理。他在此有"党阀"及"包而不办"之号,几乎把此间事弄坏。希望他在前方,知为个人外之工作也。敬候

道安

弟朱家骅

斯年附白

五月十六日

查禁清史稿与修
清代通鉴长编

为呈请事：窃查《清史稿》一书，自民元设馆以来，迟迟久未成书。而承袁世凯及北洋军阀之余荫，修史者悉用亡清遗老主持其事，已开修史之特例。且以遗老中最为不学无术之赵尔巽为之馆长。彼辈自诩忠于前朝，乃以诽谤民国为能事，并不顾其既食周粟之嫌，遂至乖谬百出，开千古未有之奇。且于前年北伐挺进之时，该赵尔巽等用吴佩孚张宗昌等捐款，删繁就简，仓卒成书。赵撰序文，盛称群帅之功，可谓明证。故其体例文字之错谬百出，尤属指不胜屈。此书若任其发行，实为民国之奇耻大辱。自由本院接收以来，某某迭经面商国府同人，佥认此事之重大；曾经由院集合院内诸君及一时史学专家，加以审查。兹举审查结果之荦荦大者，计反革命，反民国，藐视先烈，体例不合，简陋错误等共十有九项，列于左方：

　　一曰，反革命也。辛亥双十武汉革命，实中华民国建国之始。而《清史稿·本纪二十五》，竟书曰，宣统三年八月甲寅，革命党谋乱于武昌。又《瑞澂传》，亦书曰，越月，武昌变起。先是党人谋乱于武昌，瑞澂初闻报，惊慌失措，漫不为备。又《恒龄传》，恒龄抵宜昌，鄂乱作。夫赵尔巽等，受民国政府之令而修清史，竟谓建国为作乱，其反革命之意，莫此为甚。国民革命军北伐进展之速，凡系国民，皆深庆幸，而《王国维传》书曰，丁卯春夏间，时局益危，国维悲不自制，自沉于颐和园。于我军进至两湖之时，而曰，时局益危，诚何居心？

二曰，藐视先烈也。革命之成，先烈之功居多，凡系民国人民，宜何等钦仰？而《张曾扬传》，于徐烈士锡麟则书曰刺恩铭，而不标其革命之历史，意谓其非革命。于秋瑾烈士，则书曰阴谋乱。而尤奇者，彭烈士家珍之杀良弼也，路人皆知，而《良弼传》竟书曰，一日良弼议事归，及门，有人遽掷炸弹，三日而卒。曰有人而不指明彭烈士者，盖取《春秋》称人"贱之也"之意。其藐视先烈抑何其深！

三曰，不奉民国正朔也。《史稿》所记诸事，自入民国以后，只用干支，不用民国某年字样。如《世续传》，世续辛酉年卒。《伊克坦传》，癸亥年卒。《沈曾植传》，壬戌冬卒。或用越若干年字样，如《周馥传》，移督两广，三十三年请告归，越十四年卒。《冯煦传》，闻国变痛哭失声，越十有五年卒。夫《清史》为民国所修，而避用民国正朔，是修史诸人反对民国之一证。

四曰，例书伪谥也。溥仪退位以后，安能再颁谥典？溥仪行之,是反民国。诸人修史,大书之,亦是反民国。如《陆润庠传》,赠太傅,谥文端;《世续传》,赠太师,谥文端;《伊克坦传》,谥文直;《梁鼎芬传》,谥文忠;《周馥传》,谥悫慎;《锡良传》,谥文诚;王国维谥忠悫。赠也,谥也,莫不大书特书。

五曰,称扬诸遗老,鼓励复辟也。满清既亡,以前诸臣竞以遗老自居。殊不知在清为遗老,在民国则为叛徒。政府不事追求,已属宽大,安能再示奖励,是劝人复辟也。而《列传二百五十九》,论曰:陆润庠世续诸人,非济变才,而鞠躬尽瘁,惓惓不忘故君,靖共尔位,始终如一,亦为人所难者也。呜呼仅矣!《列传二百六十》,亦有论曰:虽皆侨居海滨,而平居故国之思,无得敢或忘者,卒至憔悴忧伤,赍志以殁,悲夫!句末,"赍志"二字,望复辟之殷,情见乎辞。

六曰,反对汉族也。太平天国立国十余年,实汉族之光荣,修史者当然不宜歧视。乃《曾国藩传》,则曰,粤寇破江宁,据为伪都,分党北犯。《洪秀全传》,则曰,僭号太平天国。又曰粤匪,曰贼,曰陷某地,曰伪某王,曰犯我军,皆否认我民族之反满清也。

七曰,为清讳也。本纪中于文字狱之惨酷,甚鲜记载;于汉族之革命则不表扬;于清政之暴虐则不详载,何足以宣昭百世也?

八曰,体例不合也。断代成书,以前诸史,莫不尽然。清旧臣卒于民国者,例不得入清史。乃盛宣怀、瑞澂、陆润庠、世续、伊克坦、梁鼎芬、徐坊、劳乃宣、沈曾植、周馥、张曾扬、冯煦、锡良、林纾、严复、辜汤生、王闿运、王先谦、梁济、简纯泽、王国维等皆卒于入民国以后,《清史稿》皆为立传。若谓彼等心怀满清,则黄宗羲、顾炎武、孙夏峰、王夫之、王余佑、王源等,又谁非明代遗民? 又何列之入清史! 至于梁济死于民七,简纯泽死于民六,王国维死于民十六,而列入《清史·忠义传》,尤有反对民国之意矣。

又《后妃传》,内有《宣统后妃》。溥仪结婚在入民国后,其人皆尚未死,为之立传,尤乖体例。

九曰,体例不一致也。尚侍以上大员任免,例俱书于本纪内,《清史稿》则不然。有书者,有不书者。如《雍正本纪》,元年九月,书以张廷玉为户部尚书,张伯行为礼部尚书,而不书以田从典为吏部尚书。

十曰,人名先后不一致也。一查克丹也,本纪作查克丹(《本纪十》,乾隆二年十二月甲申朔,漕运总督补熙免,以查克丹代),而《部院大臣年表四上》作查克旦,乾隆二年工部尚书查克旦,《部院大臣年表四下》,又作查克丹(乾隆四年左都御史查克丹)。一噶尔丹策零也,《本纪十》,乾隆元年二月甲戌,遣准噶尔来使归条作噶尔丹策零,而同月乙卯赐诏书条作噶尔策凌。二条相连,名字竟作两种写法。

十一曰,一人两传也。《烈(疑当作列)女传一》,既为王照圆立传矣,而《儒林三》之《郝懿行传》,又附入其妻王照圆。岂非一人两传乎?

十二曰,目录与书不合也。如《儒林传二》目录,朱骏声独立，而附其子孔彰。试验其书，则《儒林传卷二》末，朱骏声附入《钱大昭传》。

十三曰，纪表传志互相不合也。纪表传志，互有详略则可，若有冲突则不可。一，李永绍也，本纪作雍正二年六月以为工部尚书，而《部院大臣年表三》上作七月。其他如此者尚多，不堪列举。

十四曰，有日无月也。《本纪十》，乾隆二年五月乙卯，除湖南永州等处额外税，免安徽宿州水灾额赋，免浙江仁和等四州县水灾额赋，赈陕西商南等县电灾；甲戌以御门听政，澍雨优渥，赐执笔诸臣纱匹有差。按乙卯乃五月二十八日，甲戌系六月十七日，何以甲戌上不冠六月字样，致成有日无月？

十五曰，人名错误也。《本纪卷十》，乾隆三年二月壬子，以高其倬为工部尚书，张照为湖南巡抚。按张照应作张渠。至于张照，是时方在南书房，并未外任也。《本纪二十二》，同治十三年十二月甲戌，李经羲病免，以刘坤一为两江总督。按李经羲系李宗羲之误。至于李经羲此时不过十余岁，安有任总督之理？

十六曰，事迹之年月不详载也。考史之最要，在其事迹之年月。在满清所设之国史馆诸传内，对于其人升迁降补之年月大都详载不遗。而《清史稿》内，反大半删去之，使后之读史者，每不能因事考世，得其会通。试一比较《清史稿》及《满汉名臣传》，其详略即可见也。

十七曰，泥古不化也。前代得书不易，故作史者每附记与有间接关系之表册，今则不然。而《时宪志》十至十六，竟皆系八线表。以现在高级中学生皆晓之书，纳入其中，至五六卷之多，使章幅冗长，实无足取。

十八曰，简陋也。《清史稿》不为郎世宁、艾启蒙立传，仅于《艺术传》内附见，并谓不知为何国人。殊不知郎世意大利人，艾启蒙法人，钦天监档案具在也。又如英人戈登，为焚烧圆明园之祸首，其传中亦无记载，而反夸其平洪秀全之功。凡此诸端，益足证作史者之简陋。

十九曰，忽略也。稿中忽略之处甚多，载不胜载。如诸帝纪，皆于死后接书其年岁。而《道光本纪》，通篇不曾述及其死时年岁，尤属忽略之甚者。

总之，此书除反革命文字以外，其中无非错误忽略，及体例不合等项。即如此文章体例之官书，已难颁行全国，传之后人。况以民国之史官，而有反革命，反民国，藐视先烈诸罪状，若在前代，其身受大辟，其书当然焚毁。现今我国民政府不罪其人，已属宽仁之至，则其书之决不宜再流行海内，贻笑后人，为吾民国政府之玷，而大反先总理之遗意，又岂待言！为今之计，宜将背逆之《清史稿》一书，永远封存，禁其发行。且现在职院已聘请专家，就所藏各种清代史料，分年别月，编辑《清代通鉴长编》。一俟编成，再行呈请国民政府，就其稿本再开史馆，重修清史，一举而数善备矣。所有查禁《清史稿》各理由，理合呈请

鉴核，不胜待命之至。谨呈

国民政府行政院院长谭

（民国十八年十二月二十四日据报载）

这是我在四十余年前所作的请查禁《清史稿》一文，原稿久已不存，最近由台大历史系研究生何烈为批评《清史稿》及清史，得见民十八年旧报，特抄录一份，旧稿重见，我之喜可知也。有需特别声明者，当时外边传说以为查禁《清史稿》，出自谭院长，而其私心以为不为其父谭总督立传的缘故。普通总督非有大过失，鲜不为立传者。而对谭父竟如此，亦一奇事也。但谭院长亦未向人言之，而故宫同人亦未闻之，与此提案绝无关连则可知矣。

在民十三年接收故宫后半（其前半早已为袁世凯所接收后改为内务部古物陈列所）以后，在段祺瑞执政时代清室大为反动，势不能扩大各种接收。直到民十七年国府明令接收除故宫博物院以外，并接收景山及圆明园、堂子等处，至是清室所有产业皆归民国矣。其中到底有多少归内务府私人所占有，至今已成不可解之事！

查禁《清史稿》并不是消极的，断代成书，一朝不能没有他朝的史书，此亦史学家所共知。

后来故宫博物院同人名义上担任审查《清史稿》，而实际上无人负责，到了民十八年国民政府又数次电责催办，院中无法，只好由我这秘书长担任，费了半月之力翻阅《清史稿》全书，找出十九条证据作成呈文如上，其实若多费些时间，必能找出更多证据也。

我说这是很积极的，我在申请查禁《清史稿》这篇文章里，并且也说到我们预备修一部《清代通鉴长编》，以作修新清史的稿本。于是自从民国十九年起，北平研究院就成立史学研究会，聘请吴稚晖师为主任委员，另外有委员大约十九人。我当时有一篇油印的北平研究院与故宫博物院合作修清史的计划，叙说的很详细，因为故宫博物院保存的史料很完整，大约可以分为三大类：

一、内阁档案：从顺治元年起到宣统三年止的红本，完全全备。

二、雍正四年以后的军机处档案：内有各种档册及折包，档册之中由于"随手档"，这等于各档同折包的引得，一翻开它，就等于把各事陈列在眼前。另外还有重要的，是满文的折包，我记得乾隆年间，有不准汉军机大臣偷看满文折包的禁例，可见这里面有很多不愿意汉人知道的军事秘密，而不见于汉文折包的。这种现象到了道光二十年以后就不再见了。可惜这种满文折包我全经手运到上海，而后任的人以为麻烦，并没运来台湾，至少运来的只有几件，可怜之至，另外只偶然遇到。

三、宫中档：顺治年间没有存着宫中档，因为宫中档全是经过御批，自从雍正年间，世宗方才下命令说，凡是经过御批的档案，当事人阅读以后，必须退还，就是圣祖所批的，假设仍旧存在，也必须退还，所以宫中现在存有曹寅父子奏折在懋勤殿中，就因为这种原故。宫中档跟内阁大库、军机处档案，时常有不少重复，可以互相比对参考。

这以上是官书，因为从前有文字狱的关系，所以很多人不敢出版奏议，只是到了道光以后，清朝的国力日衰，大臣们不只敢刻奏议，并且把皇帝的朱批也刻在后面，这是从前所不敢做的事情。所以我主张把已刻过的奏议，再同官书比较一下，假设不同的地方，就着在旁边做考异。可惜我那篇印得的提案，虽然经过大家通过以后，并未能带出来，其大意如此。

这一部《清代通鉴长编》，若不能修成新史，它也不妨单独刊印成书，仿宋代《资治通鉴长编》，亦可以保存有清一代的史料。现在带来台湾的清代史料不全，原因是马衡在最初就反对南迁，所以我辞去秘书长以后，就无人愿负南迁的责任。后来文献馆沈兼士馆长辞职，更无人负责，而马衡听信职员欧阳邦华的意见，只将史料片断不成系统的迁至台湾，所以修《清代通鉴长编》的希望只有待以后了！

从九一八说到故宫文物的南迁

九一八不只是倭人侵略中国的开始,亦是故宫文物南迁的开始。九一八的第二天,我至今仍然记忆在清早九时乘车由家南城丞相胡同往故宫,路过顺治门内时,忽听路边大叫卖号外的声音,急叫停车买一张,始知九一八日军攻沈阳北大营的新闻。到了故宫以后,恰好易(培基)院长在南方尚未回。而故宫为文物的精华的大本营,固然为世人所周知,而尤为左近土匪所深悉,为临时防备起见,乃与总务处长俞同奎协商,为遇事自行防守紫禁城之用。按当时紫禁城共分为两部分,即保和殿以南包括南方之三大殿及西之武英殿东之文华传心两殿,此部分早已为袁世凯称帝时所接收。后来袁称帝未成,改为古物陈列所,属于内务部,另有警卫队,而自故宫前后两部分统一以后,俞同奎实兼内务部古物陈列所保管委员之一,另一委员为吴瀛,所以我拉了俞总务长同我共同负责保卫紫禁城的任务,至于清史馆于北伐之后已由故宫接收,不再自成单位。已见另篇。每晚故宫送来警察厅口令及故宫自有口令各一份至两家,以备夜间之用。

等到易院长回北方以后，故宫局势又有改变。因为易院长以为北方终久是日本人侵略的前站，文物在这里保存，是有危险性的，但是又不敢明说南迁，既为遗老们所反对，又为亲日者所不赞成，其实两者常接近合作。于是易院长就想了一种折衷的办法，不明说南迁，而将文物集中在库房里。本来溥仪住在宫里头，等于是一个大家庭，他并没有选择什么是有价值的文物，除了将最有名的古物交袁爵生在南书房等处选择用赏他的弟弟溥杰的名义分包运到北府（北府即摄政王府），然后再运到天津英租界他们私人租的房子中。后来溥杰告诉旁人说，名为赏给他，但事实上只不过经手而已，仍旧为溥仪所掌有。在故宫养心殿（这是溥仪平常所住的地方）发现一本赏溥杰的书画目录，后来刊入故宫已佚古物册中。可见要不是民国十三年将溥仪驱逐出宫的事发生，恐怕文物的失落，尚不止此数。所以遗老们责备家叔倡议驱逐溥仪出宫的不合理，看了这篇文章，必定能够恍然大悟了。为国家保存文物，可以说功不在禹下。

故宫的物品杂乱无章，跟住家一样，院中可以堆着无数的煤球，而屋中可以有一宝贵的周鼎。譬如，我还记得点查养心殿时（在乾清宫坤宁宫点查以后有《故宫点查报告》可查），满院中全摆了无数盆的菊花，而宝座前就陈列着周代最著名的毛公鼎，这是自从嘉庆年间阮元进贡以后，先扔到养心殿南库，后来到了民国年间方被王国维在库中发现，又搬到宝座前边，并有溥仪的拓本出现，以至于点查的时候仍在那里。又譬如，坤宁宫的东暖阁，保存着王莽的嘉量，是有名的铜器，是我点查时第一次发现，吃午饭时告诉徐森玉鸿宝，他又去看了，方定名为莽量。可是在坤宁宫正殿中，照清朝的制度，每天早晨必定在大锅中煮两只肥猪，由清朝入关至溥仪出宫没有断过一天。又如，我们在点查的时候，很少看见《石渠宝笈》初编的字画，后来在内务府档案中发现了一批档案，方知道由于太监不留神，在嘉庆二年夜里，在乾清宫东边的隔扇旁边引起火灾，将乾清宫全部焚掉，所以初编的字画、书籍也付之一炬。并且连到后边的昭仁殿，将宋刻本岳氏五经也全部烧掉了（这宋刊是明王世贞旧藏，上并画他的小像，清高宗亦画有他的像）。可见宫中对于消防的设备完全没有，直到后来方安设自来水管及救火车。

集中文物不等于搬家，各殿阁皆堆满物品，只好找一处空旷的地方，最后就定了延禧宫，这是东六宫之一，建自明朝而受灾于清代，后孝贞后以为养金鱼的地方，一片蔓草而毫无物品者，所以选定了它为库房建筑地。

于是易院长就请汪申做故宫工程顾问，他是在巴黎学建筑的，彼时担任北平特别市政府周大文的工务局局长，现任台北市市立工专的教授。因为故宫以外他对于修马路甚为注意，譬如，大高玄殿面前的两个木头牌楼，从前历任工务局局长都避免拆掉这两个有名的明代牌楼，因为大高玄殿是最信道教的明世宗所建筑，而两个牌楼上的字又是明朝权相严嵩所写的，所以历任的工务局局长皆躲避这种牌楼，而沿着筒子河行走。于是汪申就同故宫博物院商量，再开一条新马路，这是北京特别市工务局与故宫合作的开始。易院长任命汪申专管修理库房的工作，因为修库房的地方延禧宫在东六宫最东南角上，于是就在东筒子南边开了一个门，以便运送建筑材料的用途。（由坤武门进入故宫有两条小路，名为东西筒子，见翁同龢日记，我们亦沿用。）院方之所以不敢明说南迁的，因为北方人暗中以为文物是难得的东西，要一离开故宫，北方就失掉了观光的希望，所以闹到后来，周肇祥买通了搬运的工人，叫他们用棍子打易院长，并说打死了周可以负责任。后来又暗中活动故宫职员罢工，说故宫文物搬走，职员就失掉了职位，幸而没有被职员所听从，所以我说故宫的职员全都对得住故宫。建库房的经费是由中美庚子赔款担任二分之一，而由中法庚子赔款担任四分之一，故宫本身担任四分之一。

　　易院长修库房的办法是成功的，不然既不能将文物集中，等到中央通过南迁时，亦无法做的如此的快速了。前古物馆馆长徐森玉亦如此说。